14살부터 시작하는
나의 첫 진로 수업

일러두기 ————

한국 독자들의 이해를 돕기 위해 본문에 삽입된 일부 일본 통계 자료를 한국 통계 자료로 교체했습니다.

14살부터 시작하는

나의 첫 진로 수업

학연플러스 편집부 지음

김신혜 옮김

뜨인돌

이 책은 청소년 여러분이 미래에 자신이 하게 될 일을 생각해 봤으면 하는 바람으로 시작됐습니다. 이 책을 읽으면 알 수 있겠지만, 책 한 권을 만드는 데도 많은 사람의 노력이 필요하답니다.

저희들은 이 책을 만들면서 어린 시절을 떠올렸습니다. 미래에 무엇을 하며 살지 몰라 불안과 두려움을 갖고 있었던 시기를요. 그런 과거의 나에게 '불안해하지 않아도 괜찮아. 먼저 세상이 어떤 구조로 돼 있는지 알아 두자. 천천히 잘 생각하고 여러 경험을 하다 보면 반드시 네 일을 발견하게 될 거야'라고 이야기하며 완성시킨 것이 이 책입니다.

이 책은 청소년을 대상으로 만들었지만, 어른 중에도 자신의 일에 불만이 있거나 불안을 느끼는 사람이 있을 것입니다. 그런 분들도 읽어 줬으면 좋겠습니다. 분명 초심으로 돌아가 일에 대한 의욕이 생길 것입니다.

초등학교 5학년 때, 담임선생님이 저에게 나중에 어떤 일을 하고 싶은지 물어본 적이 있습니다. 저는 대답하지 못했습니다. 일에 대해 아무런 생각도 하지 않았기 때문입니다. 그러다 6학년이 된 어느 날, 서점에서 신문 기자의 일을 다룬 책을 봤습니다. 지방에서 일하는 신문 기자들의 분투기였습니다. 그 책이 제 인생을 변화시켰습니다. 그때는 인터넷 뉴스는 물론 TV 뉴스도 거의 없었고, 신문에 의지하던 시대였습니다. 저는 큰 사건 현장에 나가기도 하고, 경찰보다 먼저 살인범을 찾아 자수를 권하기도 하는 기자들에게 열광했습니다.

중학생 시절에는 기상 예보관을 동경했습니다. 당시에는 일기 예보를 하려면 반드시 기상청 직원이 돼야 했습니다. 그러나 기상 예보관이 되려면 기상대학교라는 이과 계열의 학교에 진학해야 한다는 사실을 알게 됐고, 수학과 물리학을 잘하지 못했던 저는 좌절했습니다.

대학생이 되니 TV 뉴스가 보편화돼 저는 방송국 기자를 진로로 선택했고, 초등학생 시절 마음을 설레게 한 지방 기자가 됐습니다. 도쿄로 전근하고 나서는 기상청 담당으로 태풍 중계를 맡았습니다. 어린 시절의 꿈이 여러 모양으로 실현된 것입니다.

저는 이 말을 믿습니다. '한 권의 책이 인생을 정한다.' 이 책이 여러분에게 그런 특별한 한 권이 되기를 바랍니다.

감수자 이케가미 아키라

목차

1장. 꼭 일을 해야 하는 걸까?
: 우리가 일하는 진짜 이유

하야토!

2장. 숨만 쉬어도 돈이 나간다고?!
: 살아가는 데 필요한 현실적인 '일'

뭐야,
확실히
도움되거든?

3장. 축구를 좋아한다면
축구 선수가 돼야 하는 걸까?
: 좋아하고 잘하는 '일'

4장. 취업하면 해피엔딩일까?
: 언젠가 우리가 마주하게 될 '일'

5장. 10년 후에는 어떤 직업이 남아 있을까?
: 어른들도 모르는 미래의 '일'

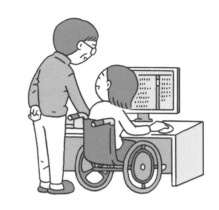

6장. 미래를 위해 공부만 열심히 하면 될까?
: 지금의 너에게 필요한 '일'

하야토
중학교 2학년. 도쿄의 유명 사립 중학교에
입학했지만 여러 이유로 적응을 하지 못했
다. 2학기에 외할머니가 살고 있는 히로시마
로 이사했다. 진로에 관한 책을 읽고 미래에
대해 생각하며 자기 자신을 발견하게 된다.

유
하야토의 이모. 하야토가 누나처럼 따른다.
도쿄에서 디자이너로 일하다 고향 집으로 돌
아와 프리랜서 디자이너가 됐다.

나츠
하야토의 엄마. 도쿄에서 영어 회화 선생님
으로 일했다. 히로시마에서는 초등학생과
중학생을 가르치는 학원 선생님으로 일하고
있다.

고타
하야토의 아빠. 헤드헌팅 회사에서 근무하고
있다. 일 때문에 히로시마에 함께 가지 못하
고 도쿄에 혼자 남아 있다. 틈틈이 히로시마
에 온다.

가즈코
하야토의 외할머니. 새로운 일에 흥
미를 갖고 도전하는 것을 좋아한다.
시 쓰기와 등산이 취미다.

사와다
가쿠분칸 서점 히로시마 서부 지점의
지점장이다.

고로
하야토의 외할머니가 키우는 고양이.

아카네
하야토의 소꿉친구이자 학교 친구.
성격이 밝아서 반에서 인기가 많다.

꼭 일을 해야 하는 걸까?

우리가 일하는 진짜 이유

1화

꿈도, 직업도,
잘 모르겠어

← 오른쪽에서 왼쪽으로 읽어 주세요.

달칵

꼼지락……

따르르르르릉

냐~옹

고로

잘 잤어?

흐아~암

완전
수면 부족….

오물
….

히로시마에
이사 온 지도
한 달.
이제 꽤
익숙해졌다.
도쿄에
비하면

흥미로운 게
별로 없지만
마음 편하게
살기에는
좋은
곳이라고
생각한다.

입시 공부는 초등학교 5학년 때부터 시작해 다른 아이들보다 출발이 늦었지만

초등학생 때 공부를 꽤 잘했던 나는 부모님 권유로 사립 중학교 시험을 쳤다.

나, 아빠, 엄마, 세 사람으로 구성된 우리 가족은 도쿄에서 살고 있었다.

내 인생은 앞으로도 꽃길만 펼쳐질 거라고 생각했다. 그런데…

입학식

보기 좋게 합격!

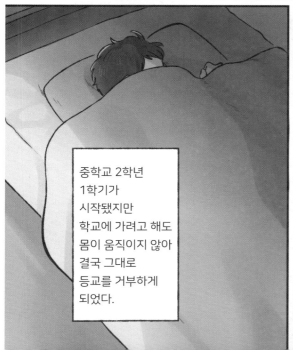

중학교 2학년 1학기가 시작됐지만 학교에 가려고 해도 몸이 움직이지 않아 결국 그대로 등교를 거부하게 되었다.

막상 중학교에 들어가 보니 주변 아이들은 모두 수재였다. 나는 뒤처진다는 생각을 떨칠 수가 없었다.

나는 2학기 개학에 맞춰 외할머니가 있는 히로시마의 공립 중학교로 전학을 가게 됐다.

아빠와 엄마는 어떻게 해야 할지 의논했고

영어 학원에서 일하던 엄마는 직장을 그만두고 나와 함께 히로시마로 갔다.

아빠는 직장 때문에 도쿄 집에서 혼자 생활하고

나 때문에 가족들의 환경까지 바뀌게 돼 미안한 마음을 안고…

나는 히로시마에 왔다.

이곳에서 나는 엄마와 외할머니, 이모와 함께 지낸다.

얼핏 보기에는요. 하지만…

잘 지내고 있는 것 같지?

다녀오겠습니다!

잘 다녀와!

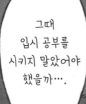

그때 입시 공부를 시키지 말았어야 했을까….

전보다 덜 웃는 것 같다는 생각이 들어요.

그래도 새 학교에선 잘 적응하고 있잖아?

지난 일로 후회해 봤자 소용없잖니.

파트타임이에요

오늘부터 동네 영어 학원에서 일하기로 해서 오후에 나가려고요.

그럼 오늘은 뭐 하니?

네. 엄마도 있고 유도 있고…. 여기 오길 잘한 것 같아요.

좋은 아침2

일하지 않으면 생활에 활기가 없어지더라고요.

그렇게 급하게 일을 구하지 않아도 되는데.

딩- 동-

댕- 동-

오늘은 11월 중순에 있을 직장 체험 학습 장소를 정할 거다.

조원들끼리 의논해서 가고 싶은 곳을 알려 주렴. 가고 싶은 곳이 겹치는 경우에는 제비뽑기를 할 거야.

직장체험

10月 2日

내가 일하는 모습이라니 상상도 안 되는데…. 일은 왜 하는 걸까?

초등학교 때는 채소 가게에 가고 싶었지

직장 체험… 딱히 가고 싶은 곳 없는데.

023

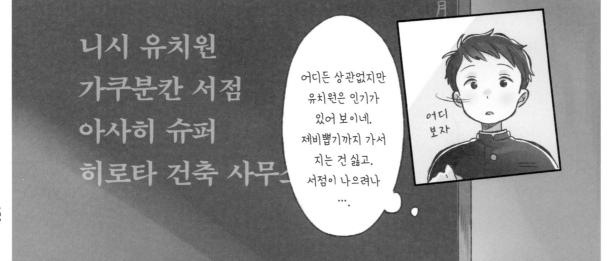

니시 유치원
가쿠분칸 서점
아사히 슈퍼
히로타 건축 사무

이모와는 예전부터 대화하기가 편해서 엄마나 아빠에게 하지 못하는 이야기도 자주 한다.

그런 건 어른이 되고 나서야 더 재미를 느낄 수 있거든.

하지만 중학생 때 미리 직업을 체험한다는 건 좋은 일이라고 생각해. 언젠가 너도 일하는 어른이 될 테니까.

그래? 그렇다면 …

탁 탁

위—잉

근데 나는 일한다는 게 먼 미래의 일처럼 느껴져서 잘 모르겠어.

짠~!

그건 뭐야?

이건 내가 디자인하고 있는 책 원고야.

일과 직업이 무엇인지 청소년들에게 설명하는 책이지.

꽤 재미있는데 읽어 볼래?

이땐 몰랐다. 이 책이 내 인생에 큰 영향을 줄 거란 걸….

이모의 권유로 나는 이 책을 읽기 시작했다.

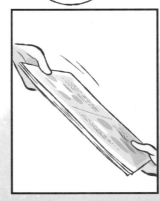

우리가 일하는 진짜 이유

인간은 서로 도우며 삽니다. 이렇게 말하면 곤란에 처한 사람에게 손을 내밀자는 도덕적인 이야기라고 생각하는 사람이 있는데 꼭 그렇지는 않아요. 사람과 사람 사이는 서로 연결돼 있고 우리는 살면서 도움을 주고받습니다.

예를 들어 우리가 사는 집에 대해서 생각해 봅시다.

집을 자기가 지었다는 사람은 많지 않지요? '자기 힘으로 지었다'는 것은 본인이 직접 공사해서 집을 건축한다는 거예요. 또 보통의 식사에 대해서도 생각해 봅시다. 집에서 요리하는 사람은 많지만 농작물을 직접 수확하는 사람은 적을 거예요.

그렇다면 집을 지을 줄 모르는 우리가 어떻게 집에서 살 수 있을까요? 농작물을 수확하지 않는 우리가 어떻게 음식을 먹을 수 있을까요? 그것은 집 짓는

'일'을 하는 누군가가, 농작물을 수확하는 '일'을 하는 누군가가 있기 때문입니다.

원시 시대 사람들은 집을 짓는 것도, 무언가를 재배하거나 사냥하는 것도 스스로 해야 했어요. 하지만 현대 사회는 많은 것이 달라졌습니다. **자기가 할 수 없고 노력이나 시간을 쓸 수 없을 때 우리는 다른 사**람이 하는 '일'의 도움을 받습니다. 이렇게 현대의 인간은 각자의 일로 서로를 돕는 네트워크 속에서 살고 있습니다.

내 집 마련!

영화 보려고요!

스테이크 먹고 싶었어!

사회를 들여다보면
누군가에게 도움을 주는 일이
직업이라는 형태로 존재함을
알 수 있습니다.

교사

미용사

누군가에게 도움을
주는 게 직업이 된다

앞에서 집을 짓는 일이나 농작물을 수확하는 일
을 예로 들며 인간은 누군가가 해 주는 일의 도움
으로 산다고 이야기했습니다. 이외에도 우리의 일
상은 다른 사람의 도움으로 유지되고 있어요.

예를 들어 옆 동네에 가고 싶다고 가정해 볼까요?
걸어서 이동할 수도 있지만 버스나 전철을 이용하
면 빠르고 편하게 목적지에 도착할 수 있지요. 버스
나 전철을 운행하는 일과 운송 회사가 있어서 우리
는 교통수단을 이용할 수 있습니다.

길게 자란 머리를 내버려 둔다고 생명에 지장이
있지는 않지만, 단정하게 자르면 산뜻해지지요. 미
용사의 일은 우리를 기분 좋게 만들어 줍니다.

여러 가지 일의 공통점이 무엇인지 궁금한 눈으로

제과 회사

새로운 맛 초코파이

보면 **그게 어떤 직업이든 누군가에게 도움이 된다는 것, 누군가**에게 필요한 일이 사회에서 **직업으로 존재한다는 것**을 알 수 있어요. '우리는 혼자 힘으로 살 수 없기에 살아가는 데 필요한 도움이 직업이라는 형태로 존재하는 것이다.' 그렇게 생각하면 복잡해 보이는 세상이 매우 단순하게 느껴지지 않나요? **'왜 우리는 일하는가?' 그 답 가운데 하나는 서로 돕도록 만들어진 이 사회의 좋은 일원이 되기 위해서**입니다. 도움을 받기만 하지 않고 각자가 할 수 있는 일을 해서 누군가에게 도움을 주고 좋은 사회를 만드는 것. 그것이 우리 한 사람 한 사람이 해야 하는 일입니다. '내가 다른 사람에게 무슨 도움이 될까?'라고 생각하고 있다면 불안해하지 않아도 돼요. 자신과 미래에 대해 잘 생각하며 살다 보면 자신을 필요로 하는 곳을 반드시 발견할 수 있습니다.

쓸모없는 일이란? 없다!

해악을 끼치는 일이 아니라면 어떤 일이든 누군가에게는 도움이 되고 사회에 공헌한다고 앞에서 이야기했는데 '어떻게 도움이 되고 있는지'는 각각의 일에 따라 다릅니다.

병에 걸리면 우리는 병원에 가서 의사에게 진찰을 받거나 약을 처방받지요. 의사나 약사의 일은 병을 치료하는 데 도움이 돼요. 연예인의 일은 어떤가요? 그들은 사람들을 웃기기도 하고 가슴이 뛰게 하는 연기도 합니다. 그것을 보며 우리는 일상의 고민을 잊어버리고 긴장을 풀기도 합니다. 그들이 하는 일은 사람들을 웃게 만들고 감동을 줍니다.

이러한 일들은 사회에 어떻게 공헌하는지 알기 쉬운 예인데, 어떻게 공헌하는지 알기 어려운 일도 있어요. 일반적인 회사원의 일이 그렇습니다. 메일을 확인하거나 회의나 협의를 하고 있다 해도 그 일이 실제로 어떤 도움이 되는지 한눈에 알기는 어려워요.

그런 경우에는 회사를 하나의 팀으로 생각해 보면 좋아요. 예를 들어 게임 회사의 경우 회사 안에는 게임을 기획하는 사람, 기획한 대로 프로그래밍하는 사람, 많은 사람에게 게임을 알리는 광고를 담당하는 사람 등 각각 다른 역할을 맡은 사람들이 있고 이들은 팀으로 일합니다. 그 결과 게임을 만들고, 제공하고, 게임하는 사람들을 즐겁게 해 주는 형태로 세상에 도움을 줍니다. 회사원은

감기에 걸려서 병원에 가면 의사가 진찰해 주거나 약사가 약을 처방해 줍니다.

TV나 무대 등에서 활약하는 사람은 보는 사람에게 감동과 웃음과 활력을 줍니다.

회사라는 팀 안에서 한 부분을 담당하는 경우가 많아 직접적으로 사회에 어떤 도움을 주는지는 알기 어렵지만 없어서는 안 될 역할을 모두가 나눠서 맡고 있는 것입니다.

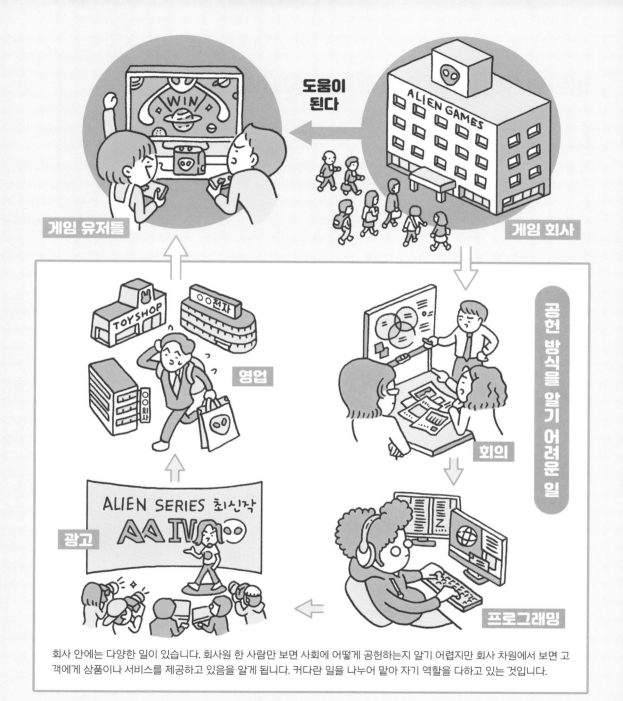

도움이 된다

게임 유저들

게임 회사

영업

회의

광고

프로그래밍

공헌 방식을 알기 어려운 일

회사 안에는 다양한 일이 있습니다. 회사원 한 사람만 보면 사회에 어떻게 공헌하는지 알기 어렵지만 회사 차원에서 보면 고객에게 상품이나 서비스를 제공하고 있음을 알게 됩니다. 커다란 일을 나누어 맡아 자기 역할을 다하고 있는 것입니다.

하나의 물건 뒤에 숨겨진 여러 사람의 일

눈앞에 있는 하나의 물건(상품이나 서비스) 뒤에 어떤 사람들의 일이 관련돼 있는지 상상해 볼까요? 예를 들어 배가 고파 라멘 가게에 들어가서 라멘을 주문했다고 가정해 봅시다. 조금 있으니 주문한 라멘이 나옵니다. 어떤 사람들이 일한 덕분에 라멘이 여러분의 눈앞에 있는 걸까요?

'라멘을 만든 요리사와 서빙한 직원'이라는 답도 물론 맞습니다. 가장 눈에 띄는 일이지요. 그렇지만 그 사람들의 일만으로 라멘이 만들어지지는 않아요. 라멘에는 면이나 국물 말고도 파, 김, 차슈 등 많은 재료가 들어 있고 그것들을 생산하는 사람들의 일도 모두 관련이 있어요.

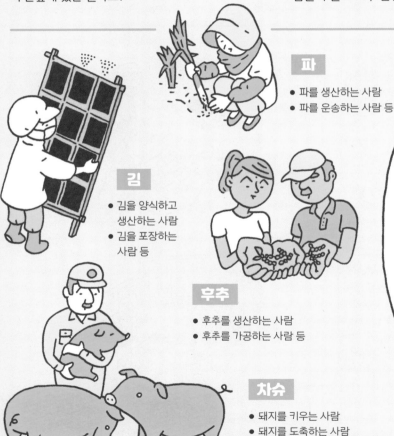

파
- 파를 생산하는 사람
- 파를 운송하는 사람 등

김
- 김을 양식하고 생산하는 사람
- 김을 포장하는 사람 등

후추
- 후추를 생산하는 사람
- 후추를 가공하는 사람 등

차슈
- 돼지를 키우는 사람
- 돼지를 도축하는 사람
- 돼지고기로 차슈를 만드는 사람 등

면, 고기, 채소, 조미료 등은 생산자가 각각 다르고 그것을 가게에 배달하는 곳도 각각 다른 회사일 수 있지요. 더욱이 면의 원료인 밀은 호주의 농가에서 재배한 것일지도 몰라요. 차슈가 된 돼지는 미국 양돈가에서 기른 것일 수도 있고요. 그렇다면 눈앞에 있는 라멘은 국내뿐만 아니라 세계 각국 사람들의 일로 만들어졌다고 할 수 있겠지요.

이렇게 우리는 세계 곳곳에서 일하는 누군가와 생각하지도 못하고 알지도 못하는 사이에 연결돼 있습니다.

국물

- 국물을 우려내는 데 쓰는 각종 채소를 생산하는 사람
- 간장을 생산하는 사람
- 라드(돼지기름)를 생산하는 사람 등

달걀

- 달걀을 낳는 닭을 키우는 사람
- 반숙란을 만드는 사람 등

면

- 밀을 생산하는 사람
- 밀을 제분하는 사람
- 밀가루를 면으로 가공하는 사람 등

한 그릇의 라멘은 많은 사람이 일한 결과물입니다.

멘마 (가공한 죽순)

- 죽순을 생산하는 사람
- 죽순을 멘마로 가공하는 사람 등

일상에서 사용하는 모든 것이
여러분의 손에 들어가기까지
많은 사람의 일이 관련돼 있습니다.

제조

어떤 상품이라도 제조 공장에서 만드는
사람의 일을 뺄 수 없습니다.

디자인

디자인하는 사람이 있어서 상품의 형
태나 기능이 정해집니다.

유통

상품이 가게에 전달되기까지 운송하는
사람의 일이 연관돼 있습니다.

판매

판매하는 사람이 없으면 우리는 상품
을 살 수 없습니다.

우리가 당연하게 사용하는 물건 살펴보기

앞에서 한 그릇의 라멘이 제공되기까지 많은 사람의
일이 관련돼 있다고 설명했습니다. 이것은 라멘에만
한정된 이야기가 아니에요. 우리가 입고 있는 옷, 신
고 있는 신발, 들고 다니는 가방이나 문구에도 만드
는 사람, 운반하는 사람, 판매하는 사람 등 많은 사람
의 일이 숨어 있습니다.

형태가 없는 것도 마찬가지예요. 스위치를 누르면 불
이 들어오고, 수도꼭지를 돌리면 물이 나오고, 가스
레인지 노브를 돌리면 불이 붙는 것은 전기나 물, 가
스를 공급하는 회사와 정비해 주는 사람들이 일한
덕분입니다.
우리가 살면서 당연하게 구매하는 것, 쓰는 것, 보는

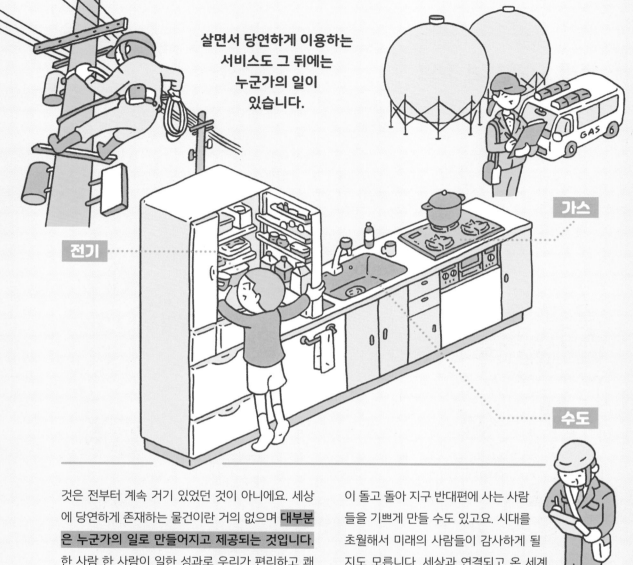

살면서 당연하게 이용하는
서비스도 그 뒤에는
누군가의 일이
있습니다.

전기

가스

수도

것은 전부터 계속 거기 있었던 것이 아니에요. 세상에 당연하게 존재하는 물건이란 거의 없으며 **대부분은 누군가의 일로 만들어지고 제공되는 것입니다.** 한 사람 한 사람이 일한 성과로 우리가 편리하고 쾌적하게 생활한다는 사실을 알고 나면 세상을 보는 방식이 많이 달라집니다.

미래에 여러분이 어떤 일을 한다면 그 일은 세상 사람들에게 도움이 될 거예요. 어쩌면 여러분이 한 일

이 돌고 돌아 지구 반대편에 사는 사람들을 기쁘게 만들 수도 있고요. 시대를 초월해서 미래의 사람들이 감사하게 될지도 모릅니다. 세상과 연결되고 온 세계 사람들과 연결된다는 것, 그것이 일의 재미난 점 중의 하나입니다.

돈을 지불하는 것의 진짜 의미

내가 해야 할 일을 다른 누군가가 대신해 줬을 때 우리는 감사하다고 말합니다. 갖고 싶었던 무언가를 얻었을 때도 감사하다고 말합니다. 이처럼 어떤 도움을 받았을 때, 우리는 고마운 마음을 감사하다는 말로 전합니다.

일은 '누군가에게 도움이 되는 것'이라고 말했습니다. 그렇다면 누군가가 해 준 일에 대한 감사의 마음은 어떻게 전할 수 있을까요? 어떤 일에 대해 돈을 지불하는 것은 감사하는 마음을 표현하는 것입니다. '제가 하지 못하는 일이나 하고 싶지 않은 일을 대신해 주셔서 감사합니다.' '갖고 싶은 것을 제공해 주셔

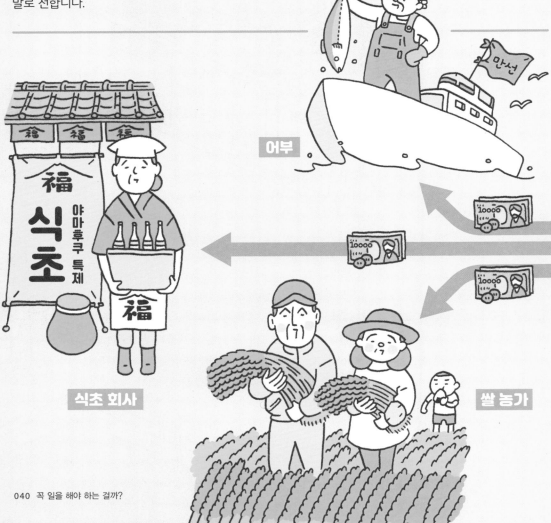

어부

식초 회사

쌀 농가

서 감사합니다.' 돈을 지불하는 행위에는 이러한 의미가 포함돼 있어요. 세상은 일로 서로를 돕는 네트워크로 연결돼 있어서 **도움받은 일에 돈을 지불함으로써 감사의 마음을 전하는 것이 규칙**입니다.

지불한다는 것의 의미는 하나 더 있어요. 예를 들어 편의점에서 2,500원짜리 케이크를 봤다고 합시다. 여러분은 이것을 살 건가요, 아니면 사지 않을 건가요? '배고프다' '맛있어 보이네' '2,500원이면 싼데?'

라고 생각한다면 사겠지요. '배불러' '별로 좋아하는 맛이 아닐 것 같아' '2,500원은 너무 비싸'라고 생각하면 사지 않을 거고요. 이 케이크에 2,500원의 가치가 있는지 없는지를 판단하는 것입니다. 그러니 돈을 지불한다는 것은 그 **금액만큼의 가치가 있다고 생각한다는 의사 표시**이기도 합니다.

초밥을 먹고 값을 치르는 것으로 감사의 마음을 전합니다. 초밥 가게는 재료를 들여오면서 관련된 회사에 값을 치르기 때문에 여러분의 감사는 그 회사에게도 전달됩니다.

초밥 가게

THANK YOU!

돈을 지불하지 않아도 받을 수 있는 서비스

상품이나 서비스를 사용할 때 우리는 돈을 지불합니다. 예를 들어 청과물 가게에서 채소를 살 때, 그 채소는 상품이에요. 어긋나거나 부러진 뼈를 맞추는 접골원에서 마사지를 받으면 그것은 서비스고요. 대략적으로 말하면 형태가 있는 것은 상품, 형태가 없는 것은 서비스가 될 수 있지만 상품과 서비스의 확실한 경계는 없습니다. 카페에서 마시는 커피는 상품이지만, 카페에서 편안하게 쉬는 것은 서비스가 되기도 합니다.

누군가에게 어떤 도움을 받았을 때(상품이나 서비스를 제공받았을 때) 그 대가로 돈을 지불하는 것이 사회의 구조라고 말했는데, 돈을 지불하지 않아도 받을 수 있는 서비스가 있답니다.

예를 들어 불이 나면 소방차가 오고 소방관이 불을 꺼 줍니다. 이때 소방관에게 돈을 지불하는 사람은 없어요. 각 가정에서 쓰레기를 쓰레기장에 내놓습니다. 이때도 환경미화원에게 돈을 지불하는 사람은 없죠. 그렇다면 이것들은 무료일까요?

사실 무료가 아닙니다. 소방관이나 환경미화원도 제대로 월급을 받고 있거든요. 그 돈은 우리가 낸 세금으로 지급된답니다. 일하는 사람들은 국가에 세금을 낼 의무가 있어요. 일하지 않는 아이들도 가게에서 물건을 살 때 부가가치세라는 세금을 낸답니다.

이러한 세금의 대부분은 사람들의 더 나은 삶을 위해 쓰입니다. 경찰관이나 공립 학교 교사의 월급도 세금으로 지급해요. 이런 사람들을 '공무원'이라고 부르며, 이들은 사람들의 조금 더 나은 삶을 위해 일합니다. 우리는 이들의 일에 대해서 세금으로 감사를 표시합니다.

어른도 아이도 다양한 방식으로
세금을 내고 있습니다.
세금을 내는 것을 '납세'라고 합니다.

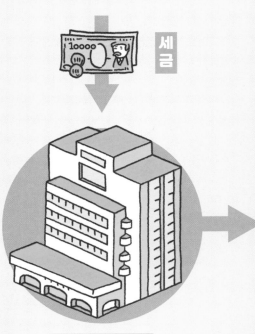

세금

국가·도·시 등

세금으로 감사를 표시하는 일

사람들의 안전을 위한 일

경찰관은 범죄나 사건으로부터 시민들을 지켜 줍니다. 소방관이나 구급대원, 경찰관은 화재나 사고가 났을 때 이에 대응합니다.

구급대원

소방관

경찰관

교육과 문화를 전달하는 일

교사는 교육하는 일을 합니다. 도서관 사서는 도서 대출이나 독서 안내 등의 서비스를 제공합니다. 미술관이나 박물관의 학예사는 예술과 문화를 사람들에게 알립니다.

학예사

도서관 사서

교사

주변 환경을 좋게 만드는 일

쓰레기 수거나 도로 공사, 공원 정비 등의 일은 세금으로 사람을 고용해 우리에게 서비스를 제공하는 경우가 많습니다.

공원 정비

도로 공사

쓰레기 수거

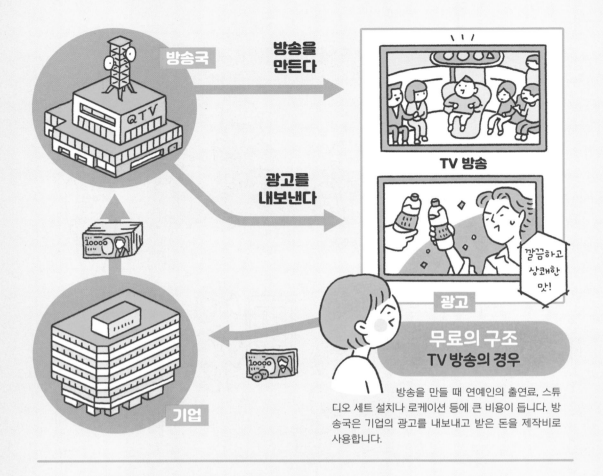

방송국 — 방송을 만든다 → TV 방송

광고를 내보낸다 → 광고

깔끔하고 상쾌한 맛!

기업

무료의 구조
TV 방송의 경우

방송을 만들 때 연예인의 출연료, 스튜디오 세트 설치나 로케이션 등에 큰 비용이 듭니다. 방송국은 기업의 광고를 내보내고 받은 돈을 제작비로 사용합니다.

우리가 TV 방송을 무료로 시청할 수 있는 이유

앞에서 우리 눈에 보이지 않는 세금으로 이루어지는 일을 예로 들어 돈이 오고 가는 것을 설명했는데, 이외에도 돈이 오고 가는 게 눈에 보이지 않는 경우가 있어요.

방송국을 예로 들어 볼까요? KBS나 위성 방송은 수신료를 받고 있지만 대부분의 방송국은 수신료를 받지 않아요. TV 방송을 만드는 데는 여러 사람의 일이 연관돼 있어 많은 돈이 들죠. 그런데도 어떻게 무료로 볼 수 있는 걸까요?

그것은 광고 덕분입니다. TV에서 광고를 내보내고 있지요? 기업(이나 단체)은 광고를 내보내기 위해 방송국에 많은 돈을 지불해요. 방송국은 그 돈으로 방

깔끔하고 상쾌한 맛!

라디오

신문

TV 이외의 여러 가지 광고

지하철이나 버스에는 광고가 붙어 있습니다. SNS나 동영상 사이트에서도 광고가 쏟아집니다. 광고를 내보내기 위해 기업은 많은 돈을 지불합니다.

인터넷

깔끔하고 상쾌한 맛!

동영상 사이트

SNS

깔끔하고 상쾌한 맛!

차내 광고

송을 만들거나 내보내지요. 신제품 광고를 보고 사고 싶었던 적이 있지 않나요? 기업의 전략은 그것입니다. 기업이 방송국에 돈을 지불한다 → 방송국은 그 돈으로 재미있는 방송을 만들고 기업의 광고를 내보낸다 → 광고를 본 사람들이 기업의 상품이나 서비스에 돈을 쓴다. 우리가 무료로 볼 수 있는 TV 방송은 이와 같은 구조로 돼 있습니다.

TV 광고 외에도 신문이나 지하철, SNS 등 세상에는 광고가 넘쳐납니다. 기업은 자신들의 상품이나 서비스를 사 줄 만한 사람들에게 알리기 위해 돈을 내고

광고를 내보내지요. 광고 덕분에 우리가 돈을 내지 않고 이용할 수 있는 서비스가 많습니다.

이러한 직접적이지 않은 돈의 흐름이 세상에 많다는 것을 알아 두면 좋겠지요. **돈거래가 있다는 것은 거기에서 일하는 누군가가 있다**는 것을 의미합니다. **세상의 구조, 돈의 흐름을 조사해 보면 지금까지 알지 못했던 다양한 일에 대해 알게 될 것입니다.**

아이뿐만 아니라 어른도 즐길 수 있는 장난감을 개발하고 있습니다. 사람들을 즐겁게 하려면 저부터 인생을 마음껏 즐겨야 한다고 생각합니다.

— 장난감 회사 기획자(28세)

다리가 불편한 저는 예전부터 매력적인 복지용품이 없다는 사실에 불만을 느끼고 있었습니다. 그래서 장애인의 세계를 좀 더 다채롭게 만들고 싶어서 창업했고, 지금은 디자인이 좋은 복지용품을 만들고 있습니다.

— 복지용품 회사 사장(44세)

통역가는 이야기하고 있는 사람의 의도를 읽어야만 합니다. 여러 사람의 머릿속을 들여다보며 마음을 통역하겠다는 자세로 일하고 있습니다.

— 통역가(35세)

건축 설계를 하고 있습니다. 지금은 아이들에게 풍요로운 생활 공간을 만들기 위해 고민하고 의논하며 보육원을 짓고 있습니다.

— 건축가(40세)

생명을 구하는 것뿐만 아니라 환자가 마지막 순간을 잘 맞이할 수 있도록 돕고 있습니다. 좋은 간호가 무엇인지 아직 확실하게 알지 못하지만 자신에게 부끄럽지 않은 간호를 하려고 노력하고 있습니다.

— 간호사(25세)

안전하게, 시간에 맞추어 매일 기차를 운행하고 있습니다. 이 모든 일이 당연하게 이루어져야 하는데, 당연하다는 것이 얼마나 힘들고 어렵고 자랑스러운 일인지를 매일 느끼고 있습니다.

— 고속열차 기관사(24세)

365일 24시간, 유가족의 마음을 안심시키기 위해 대기하고 있는 게 장의사의 일입니다. 소중한 사람을 잃고 불안해진 사람들의 마음을 조금이라도 평안하게 만들 수 있기를 바라는 마음으로 일하고 있습니다.

— 장의사(41세)

운동에 열심인 아들의 식단 관리와 몸 관리를 돕고 있습니다. 때때로 "엄마도 자신을 위한 시간을 가져 보면 어때?"라는 말을 듣지만, 제 나름대로 매일을 즐겁고 충실하게 보내고 있습니다.

— 전업 주부(50세)

제 **2** 장

숨만 쉬어도 돈이 나간다고?!
살아가는 데 필요한 현실적인 '일'

살아가는 데
필요한 '돈'

← 오른쪽에서 왼쪽으로 읽어 주세요.

049

공부가 됐지?

뭐야, 확실히 도움되거든?

이모의 일은 누구에게 도움이 되는 거야?

책 디자인?

어? 그러고 보니

회사는 우선 돈을 벌어야만 해.

회사

으으음, 알기 쉽게 설명할 테니까 좀 기다려.

두뇌 풀가동~~

새로운 상품을 개발하려면 돈이 필요하니까.

수고 하셨습니다!

회사 직원들에게 월급을 줘야 하고

"이 책이 많이 팔릴 수 있게 책의 '외모'를 멋지게 만들어 주세요"라는 요청을 받고 있어.

그것이 디자이너의 역할이지

나는 출판사 에게

나는 거기에 도움을 준다고 할 수 있지.

출판사는 책을 많이 팔면 돈을 벌 수 있잖아?

051

물론

끼이익

누군가가 돈을 버는 걸 돕는 것도 도움을 주는 거네.

그렇구나!

그 사람에게도 도움을 준 거라고 볼 수 있겠지?

이 책을 읽고 좋은 공부가 됐다고 생각하는 사람이 있다면

그러네.

완성되면 또 읽게 해 줘!

잘 자

이모, 이 책 다음 부분은 없어?

있지만 아직 작업 중이야.

세상을 바라보는 방식이 조금 변한 것 같다.

그 책을 읽고 나서 일주일.

누군가가 누군가에게 도움이 되고 그 대가로 돈을 주고받는다.

세상은 그렇게 돌아가고 있다.

수업을 들을 때, 물건을 살 때, 밥을 먹을 때,

거기에는 누군가의 일이 연관돼 있다는 생각이 들었다.

조금 어른이 된 기분이 들어서 기뻤다.

그 원리를 깨달은 나는

가계부야.

가계부?

외할머니,
뭐
쓰세요?

우리 집의
수입과 지출을
적는 거야.

돈을 무엇에
얼마나
썼는지,
예정된 지출은
어느 정도인지,
돈이 얼마나
들어올지,

하하하!
식비는 확실하게
늘었지만 엄마도
이모도 집에 돈을
보태고 있어서
괜찮단다.

내 연금도 있고…

혹시 우리가
들어와서
경제적으로
힘드세요?

아직은
돈 같은 데
신경 쓰지
않아도
괜찮아.

쓰담

음...

돈 관리를
확실하게
하는 어른은
대단한 것
같다.

그런 법이
어디 있어~

당분간
캔 맥주는
보류야.

집 대출금에
학원비까지
추가네~

그러고
보니
예전에
내가 입시
학원에
다니기
시작했을
때

가계부

하야토~

사는 덴
돈이 든다.
그러니
돈을 벌며
생활을
가꾸는
어른은
대단
하다.

라고

아빠랑
엄마가
말했지
....

한 달 동안 생활하려면 얼마가 필요할까?

생활에 필요한 돈을 '생활비'라고 합니다. 의식주에 드는 돈, 병에 걸렸을 때 드는 의료비, 여행이나 영화 관람에 드는 여가비 등 생활비에는 다양한 것들이 포함돼 있어요. 아래의 표는 일반 가정(약 3인 기준)의 월평균 생활비 내역을 그래프로 만든 것으로, 한 달 동안 약 249만 원이 든다는 것을 알 수 있어요. 물론

이것은 평균이라서 이렇게 많이 필요하지 않거나 더 필요한 사람도 있을 거예요. 그렇다고는 해도 어쨌든 **사는 데는 많은 돈이 필요하다**는 걸 알 수 있습니다. 생활비를 쓰는 방식은 수입이나 가정의 상황, 사는 장소나 그 사람의 가치관에 따라 달라집니다. 예를 들어 아이가 많은 가정이나 아이가 사립 학교에 다

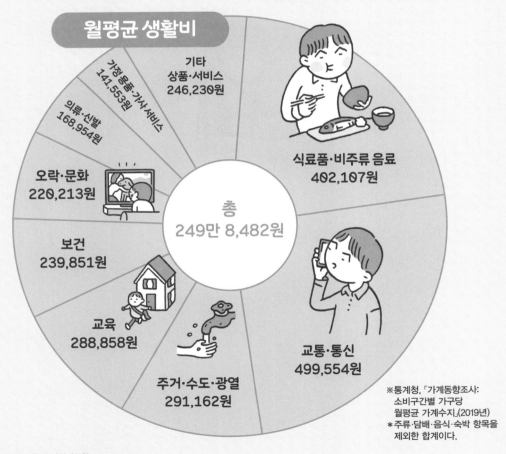

월평균 생활비

기타 상품·서비스
246,230원

가정용품·가사 서비스
141,553원

의류·신발
168,954원

오락·문화
220,213원

보건
239,851원

교육
288,858원

주거·수도·광열
291,162원

식료품·비주류 음료
402,107원

교통·통신
499,554원

총
249만 8,482원

※통계청, 「가계동향조사: 소비구간별 가구당 월평균 가계수지」(2019년)
＊주류·담배·음식·숙박 항목을 제외한 합계이다.

니는 가정은 교육비가 많은 부분을 차지할 거예요. 도심에서 사는 사람은 주거비가 많이 들 거고요. 그 밖에도 여행에 쓸 돈을 모으기 위해 새 옷 구매를 자제하는 사람도 있어요. 어떤 게 필요한지, 어떤 것에 가치를 두고 있는지는 각 가정의 돈 사용법에서 드러납니다.

돈의 쓰임새는 사람마다 제각각

엥겔 계수와 엔젤 계수

식비는 어느 가정에나 꼭 필요한 돈입니다. 생활비 안에서 식비가 어느 정도 비율을 차지하는지 나타낸 것을 '엥겔 계수'라고 합니다. 수입이 적은 가정일수록 식비의 비율이 높아져 이 엥겔 계수가 높아집니다. 또한 부모가 아이를 위해 돈을 얼마나 사용하는지를 나타낸 것을 '엔젤 계수'라고 합니다. 여기에는 교육비 외에도 아이에게 드는 식비, 의료비, 보험비 등이 포함됩니다.

엥겔 계수　　엔젤 계수

인생의 3대 지출이란?

지금부터는 인생의 3대 지출이라고도 하는, 인생에 드는 큰돈을 살펴볼까 합니다. **인생의 3대 지출은 교육비와 주택 구입비, 그리고 노후 생활비입니다.** 아이가 있다면 입학이나 진학을 위한 목돈이 필요하고, 집을 사고 싶다면 주택 구입 자금이 필요하죠. 그리고 나이가 들어 더는 일하지 못할 때 쓸 돈을 확보해 두어야 해요.

이러한 비용은 액수가 크기 때문에 장기적으로 준비할 필요가 있습니다. 그래서 많은 사람이 이러한 돈을 계획적으로 꾸준히 모으거나 은행 등의 금융 기관에서 빌리기도 하면서 준비합니다.

인생의 3대 지출

교육비

학생 1인당 월평균 사교육비	
초등학교	29만 원
중학교	33만 8,000원
고등학교	36만 5,000원

※통계청, 「학생 1인당 월평균 사교육비」(2019년)

아이에게 어떤 교육을 시키고 싶은지, 혹은 어떤 학교에 진학시키고 싶은지에 따라 금액이 크게 달라집니다.

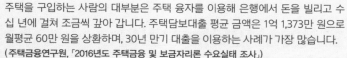

주택 구입비

주택을 구입하는 사람의 대부분은 주택 융자를 이용해 은행에서 돈을 빌리고 수십 년에 걸쳐 조금씩 갚아 갑니다. 주택담보대출 평균 금액은 1억 1,373만 원으로 월평균 60만 원을 상환하며, 30년 만기 대출을 이용하는 사례가 가장 많습니다. (주택금융연구원, 「2016년도 주택금융 및 보금자리론 수요실태 조사」)

노후 생활비

평균 수명이 늘어나 100세 시대가 머지않은 우리나라에서는 은퇴 이후 긴 세월을 유지하기 위한 돈이 꼭 필요합니다. 아픈 곳은 없는지, 어떤 생활을 하고 싶은지에 따라 필요한 금액이 달라집니다.

단위: 만 원/월

구분		최소 노후 생활비		적정 노후 생활비	
		부부	개인	부부	개인
전체		194.7	116.6	267.8	164.5
성별	남	201.1	120.7	276.1	169.8
	여	190.2	113.7	261.8	160.7

※국민연금공단·국민연금연구원, 「국민노후보장패널 8차 조사」(2019년)

회사에서 일하는 사람의 하루 노동 시간은?

지금까지 삶을 유지하려면 돈이 든다는 이야기를 했습니다. 돈을 벌려면 일을 해야 하는데, 성인은 하루에 몇 시간을 일할까요?

회사에서 일하는 사람의 하루 노동 시간은 대략 8시간입니다. 거기에 출근 준비와 출퇴근 왕복 시간이 2시간 정도 됩니다. 수면에 8시간, 세끼 식사에 2시간, 가사와 목욕 등에 1시간이 걸린다고 가정하면 하루는 24시간이니 평일에 자유롭게 쓸 수 있는 시간은 3시간밖에 남지 않습니다. 야근까지 한다면 마음대로 쓸 수 있는 시간이 전혀 없을 때도 있습니다. 일어나 있는 시간의 대부분을 일이 차지한다 해도 과언

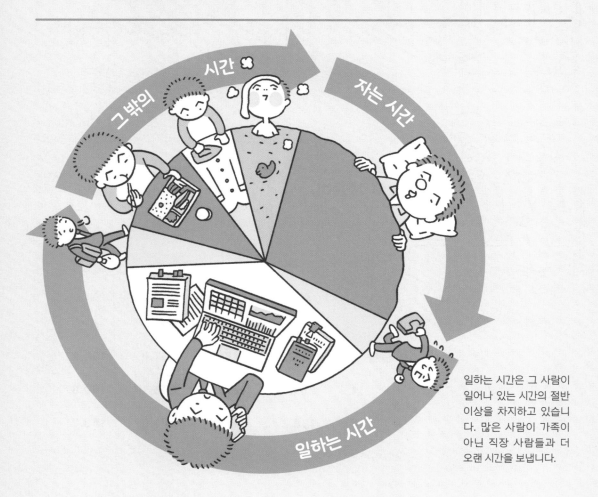

그밖의 시간

자는 시간

일하는 시간

일하는 시간은 그 사람이 일어나 있는 시간의 절반 이상을 차지하고 있습니다. 많은 사람이 가족이 아닌 직장 사람들과 더 오랜 시간을 보냅니다.

이 아닐 거예요. 또 회사원은 회사에 가서 일하기 때문에 자신의 집이 아닌 다른 곳에서 상당히 긴 시간을 보냅니다. 즉, 시간뿐만 아니라 있는 장소(공간)도 일의 영향을 받게 되는 거죠.

일은 심지어 사람의 마음에도 큰 영향을 끼칩니다. '그 일은 어떻게 되고 있을까?' '프로젝트가 잘 진행되지 않으면 어떡하지?' 같은 일에 관한 생각이 사적인 시간에도 머리에서 떠나지 않습니다. 반대로 일이 잘되면 기분이 좋아져서 사적인 시간을 행복하게 보내기도 하지요.

일은 그 사람의 시간과 장소, 마음을 크게 차지합니다. 그러니 **일은 돈을 벌기 위한 수단일 뿐만 아니라 인생에 크게 관여하는 매우 중요한 것**이라는 생각이 들지 않나요?

대부분의 사람들은 일을 하려면 근무하는 직장에 가야만 합니다. 사는 곳도 일의 영향을 받습니다.

일과 사적인 시간은 서로 영향을 주고받습니다.

065

워라밸! 그게 대체 뭐야?

일은 인생에 큰 영향을 끼칩니다. 그러나 일만 중시한 나머지 다른 것들을 방치해서는 안 돼요. 여기서는 '워크 라이프 밸런스'에 대해 생각해 볼까 합니다. 앞에서 일이 사적인 시간에도 영향을 끼친다고 이야기했는데, 사적인 일도 마찬가지로 일에 영향을 줍니다. 예를 들어 친구와 다퉜다면 마음이 무거워져서 일이 손에 잡히지 않겠죠. 내일 여행을 떠나는 사람이라면 기운이 넘쳐 즐겁게 일할 수 있을 겁니다.

워크 라이프 밸런스, 줄여서 워라밸이란 일(work)과 생활(life)의 밸런스를 가리키는 말로 일과 그 밖의 생활 밸런스를 잘 맞춰서 일과 생활에 상승효과를 내자는 생각에 기초한 것입니다. 가족과 보내는 시간

나쁜 일하기 방식이란?

오랜 시간 과도하게 일하는 바람에 생활이 불규칙해지거나 피로에 시달리는 사람이 있습니다. 이런 사람은 일과 생활의 밸런스가 잘 맞는다고 할 수 없습니다. 이와 같은 방식으로 일을 계속하면 심신의 건강을 잃을 위험성이 있으니 주의해야겠지요?

대인 관계

야근

통근

일

덕분에 힘이 나서 일도 열심히 할 수 있다는 사람, 취미 생활 하는 시간이 있어서 일이 고된 시기에도 숨통이 트인다는 사람은 워라밸이 좋은 상태라고 할 수 있어요.

그런데 '일과 생활을 분명하게 구분한다' '일과 사적인 생활 중에서 사적인 것에 무게를 둬야 한다' '이상적인 일과 생활의 비율은 50대 50이다' 같은 게 워라밸의 정답은 아니에요. 일과 생활은 상호 작용하기 때문에 끊으려야 끊을 수 없는 관계입니다. 직종에 따라서는 일과 생활의 경계가 분명하지 않은 경우도 있어요. 일과 생활의 딱 좋은 밸런스는 저마다 다르고, 그 밸런스를 자기 가치관에 맞는 형태로 조절해 가는 것이 무엇보다 중요합니다.

육아

취미

생활

봉사 활동

067

회사원

A 씨의 일과 생활

회사와 집이 분리돼 있어서 일하는
시간과 사적인 시간이 분명하게
구분됩니다.

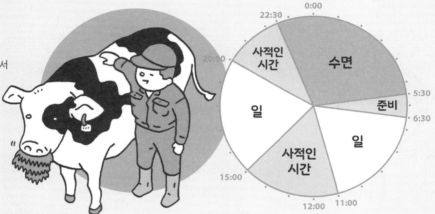

낙농업자

B 씨의 일과 생활

집이 축사와 가까운 곳에 있어서
생활하며 소를 돌보고 있습니
다. 일과 사적인 시간이 섞여
있습니다.

일과 생활의 밸런스는
사람마다 제각각

앞에서 워라밸 이야기를 했습니다. 지금부터는 다
양한 직업을 가진 사람들의 모습을 차례로 살펴볼
까요?

회사원 A 씨의 일은 오전 9시부터 시작됩니다. 오후
6시까지가 근무 시간이지만 오늘은 야근해서 8시까

지 일했습니다. 평일에는 대개 7~9시쯤 퇴근하며 주
말은 기본적으로 쉰다고 합니다.

낙농업자 B 씨는 어떨까요? 소를 돌보는 일은 하루
도 쉴 수가 없어서 매일 여물을 주고, 젖을 짜고, 축
사를 청소합니다. 낙농업자는 회사원보다 일과 생활
이 밀착돼 있습니다. 그래서 일하는 틈틈이 쉬면서
사적인 시간을 만듭니다.

만화가 C 씨는 일과 생활의 경계가 모호합니다. 작업

QOL이란?

'퀄리티 오브 라이프(Quality of Life)'의 머리글자를 딴 것으로, 단순히 오래 사는 것이 아니라 자기다운 삶을 살면서 행복을 추구하는 것을 중시하는 사고방식입니다. 일에 쫓겨 몸과 마음이 늘 지쳐 있다면 질 좋은 삶을 산다고 할 수 없습니다. 무엇을 할 때 행복한지를 생각할 때 QOL이 좋은 삶을 살 수 있게 됩니다.

C 씨의 일과 생활

일과 사적인 시간을 비교적 자유롭게 정할 수 있어서 일하는 시간이 나누어져 있는 경우가 많습니다. 집중해서 몇 시간씩 계속할 때도 있고, 전혀 집중할 수 없어 금방 중단해 버릴 때도 있습니다.

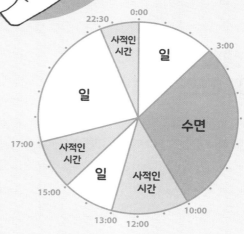

실에서 만화를 그릴 때는 물론이고 아이디어를 생각할 때, 거리에 나와서 이야깃거리를 찾을 때 모두 일하는 시간이라고 볼 수 있습니다. 사적으로 하고 싶은 게 있으면 일을 중단하고 그쪽에 집중할 수도 있지만 사적으로 하고 싶은 일은 소재거리에 연결되기도 합니다. 재미있는 만화를 그리고 마감만 지키면 다른 제약은 없기 때문에 사람에 따라서는 낮과 밤이 바뀐 생활을 하기도 합니다.

여러 사람의 일정표를 살펴보며 직업에 따라 일하는 방식이 다르다는 것을 알았습니다. 물론 일하는 시간이 더 짧은 사람이나 더 긴 사람도 있을 거예요. 중요한 것은 모두가 똑같은 방식으로 일하지 않는다는 점입니다. 일과 생활의 밸런스를 조절하면서 무리하지 않고 자기답게 일하는 것, 그리고 행복을 느끼며 생활하는 것이 중요합니다.

8:00

출근하면서 아이를 유치원에 맡깁니다.

아이를 키우면서 일하는 부부

14:00

업무를 언제 마무리할 수 있을지 시간을 확인하면서 일을 효율적이고 계획적으로 진행할 필요가 있습니다. 직장 동료와 협력해서 근무 시간을 조절하는 사람도 있습니다.

일도 생활도
상황에 따라 달라진다

혼자 살던 사람이 결혼하고 아이를 키우게 됐습니다. 그렇다면 일하는 방식은 어떻게 달라질까요? 오전 8시에 아이를 유치원에 데려다주기, 오후 6시에 데리러 가기, 오후 9시에 재우기 등 아이의 시간에 맞춰서 일하게 됩니다. 독신이었을 때는 매일 오후 7~8시까지 야근했지만 그렇게 하면 아이와 함께하는 시간을 가지기 어렵다고 생각해서 조금 더 이른 시간에 퇴근하는 경우도 있을 거예요. 출근 시간을 앞당겨서 일하는 시간을 확보하는 사람이나 회사 제도를 이용해 근무 시간을 단축하는 사람도 있을 겁니다.

일하는 방식을 바꾸는 건 육아뿐만이 아닙니다. 부모님 병간호를 맡아 지금까지와 같은 방식으로는 일할 수 없거나 건강이 나빠져 일을 계속할 수 없게 되는

삶에 일어나는 여러 가지 일

결혼
둘이서 살게 되면 생활 리듬이나 돈을 사용하는 방식이 달라집니다.

도산·구조 조정

예측할 수 없는 일이지만 어떤 직장에서도 일어날 수 있는 일입니다.

18:00

아이를 데리러 가야 해서 긴 야근은 할 수 없습니다. 가족과 의논해 데리러 가는 일을 분담하는 가정도 있습니다.

21:00

아이의 취침 시간에 맞춰 잠자리에 드는 시간도 빨라집니다. 생활 리듬을 조절해서 다음 날 할 일을 준비하는 것도 중요합니다.

등 인생에는 여러 가지 일이 일어날 수 있어요. 만약 일이나 직장이 워라밸과 맞지 않다면 자신의 필요에 맞춰 일하는 방식을 바꿀 수 있게끔 가족이나 회사와 의논해야 합니다. 때에 따라서는 회사를 나와 다른 일을 찾는 것도 생각해야 합니다. **사람은 삶에서 일어나는 여러 가지 일에 맞춰서 사는 방식을 수정하며 그때그때 자신에게 맞는 방식을 생각해야 합니다.**

가사 노동의 가격은?

통계청은 2014년 기준 가사 노동의 시간당 노동 가치, 즉 집안일 시급을 10,569원꼴이라고 밝혔습니다. 그러나 이는 계산일뿐, 실제로는 돈을 받지 않지요. 그러니 가사의 가치를 이해하고 가정에서 역할 분담을 어떻게 해야 할지 생각해야 합니다.

입원 일이 원인이 돼 입원을 했다면 일하는 방식을 바꿀 필요가 있습니다.

병간호

병간호를 계기로 일하는 방식을 다시 생각하는 사람도 많습니다. 육아와 마찬가지로 시설이나 서비스를 이용하는 일도 자주 있습니다.

정직원? 아르바이트?
고용 형태 살펴보기

회사원으로 일하는 사람은 그 회사에 고용돼 있습니다. 그런데 회사가 사람을 고용하는 방식에도 여러 종류가 있다는 사실, 알고 있나요?
고용의 형태에는 크게 '정규직'과 '비정규직'이 있습니다. 일반적으로 정규직에는 정직원이, 비정규직에

는 아르바이트, 파견 사원, 계약 직원이 해당됩니다.
정규직은 보통 하루 8시간, 직장에서 일합니다. 특별한 일이 없는 한 안정적으로 돈을 벌 수 있어요. 또한 월급과 별도로 퇴직할 때 퇴직금을 받을 수 있고, 보너스(상여금)를 받을 수도 있지요. 이처럼 정규직은 수입이 안정돼 있어서 인생 계획을 세우기 쉽다는 장점이 있습니다. 그만큼 일에 대한 책임이 크고, 전근이나 부서 이동으로 하고 싶은 일을 하지 못하는

정규직

안정된 수입을 얻을 수 있어 인생 계획을 세우기 쉽다는 장점이 있지만 노동 시간이 길어지기 쉽고 시간 활용이 어렵다는 단점이 있습니다. 일에 대한 책임이 큰 면도 있습니다.

비정규직

자신의 기술이나 능력을 살려서 유연하게 일할 수 있습니다. 학생이나 주부 등 다양한 사람이 이 고용 형태를 활용하고 있습니다.

파견 직원

파견 회사에서 소개받은 곳에서 일하는 사람을 말합니다.

계약 직원

일정 기간 정해진 업무를 하기 위해서 회사와 계약한 사람을 말합니다. 계약이 갱신되지 않으면 그 회사에서 일을 계속할 수 없습니다.

파트타이머·아르바이트생

계약 직원과 마찬가지로 회사와 일정 기간 계약하고 재계약을 하지 못하면 일을 계속할 수 없습니다. 근무하는 시간을 비교적 자유롭게 선택할 수 있습니다.

경우도 생겨요. 노동 시간도 길어지기 쉽지요.
비정규직은 정규직보다 일하는 시간이 짧고 수입도
적은 경우가 많습니다. 그러나 자기 형편이나 능력
에 맞춰 일하는 시간이나 하고 싶은 일을 정하기 쉽
고, 일하는 장소도 어느 정도는 희망하는 곳에 맞출
수 있어요. 비정규직으로 일하는 사람 중에는 아르바
이트를 여러 개 겸하거나 정규직으로 일하는 사람과
마찬가지로 장시간 일하는 사람도 있습니다. 일본에
서는 고등학교 졸업 후 일시적으로 아르바이트 등으
로 생활비를 버는 사람처럼 필요한 돈을 마련할 수
있을 때까지만 일하고 그만두는 사람들을 '프리터'라
고 부릅니다.

E 씨는 가까운 미래에 고향 집에 돌아갈
생각이라 2년 동안만 콜센터에서
파견 사원으로 일할 계획입니다.

주부 D 씨는 아침과 저녁에는 집안일
로 바쁘지만 비어 있는 점심시간에는
빵 가게에서 4시간 정도 파트타임으로
일하고 있습니다.

여러 가지 비정규직

회사(기업) 이외의 단체

42~43쪽에서 설명한 공무원은 국가에
고용돼 있습니다. 그 밖에도 의료 법인이
나 사립 학교를 운영하는 학교 법인, 비
영리 단체 등 회사와는 다른 형태지만 사
람을 고용하는 단체도 많습니다.

대학생 F 씨는 편의점에서 주 3회 아르바이트를 하고
있습니다. 학업에 소홀해지지 않게끔 그 이상으로는
일하지 않으려고 합니다.

나는 나만의 길을 간다!
자유로운 일하기 방식

사회에 나와 처음 일할 때는 회사에 고용되는 경우가 많습니다. 그러나 독창적인 아이디어를 가지고 있거나 기술을 익혀서 고용되지 않고 일하는 방식을 선택하는 사람도 있습니다.

기존 회사의 일원이 되지 않고 자기 힘으로 일하는 것을 '독립한다' '창업한다'고 합니다. 회사를 만들어서 대표가 되는 사람이 있는가 하면 회사를 만들지 않고 개인사업자로 일하는 사람도 있어요.

개인사업자에는 식당 등 자기 가게를 차리거나 건축 사무소와 법률 사무소 같은 자기 사무소를 차리는 '자영업자'라고 불리는 사람, 그리고 '프리랜서'라고 불리는 사람이 있습니다. 자영업자와 프리랜서를 명확하게 구분할 수는 없지만 프리랜서는 회사나 개인에게 일을 의뢰받아 계약을 맺고 일합니다.

회사에 고용되지 않고 일하는 사람은 어떤 일을 하며 어떻게 시간을 쓸지 자유롭게 생각하거나 결정할 수 있습니다. 개인사업자의 경우 번 돈에서 일에 필요한 비용을 뺀 나머지를 자유롭게 쓸 수 있지요. 일에 따르는 비용을 본인이 전부 부담하기 때문에 일이 적으면 수입이 줄어들어요. 또한 모든 것을 스스로 결정하기 때문에 자유로운 반면 책임도 전부 본인이 져야 합니다.

이처럼 안정을 보장할 수 없지만 자신의 아이디어나 기술을 써서 자유롭게 일하고, 이를 보수로 평가받는다는 것에서 성취감을 맛볼 수 있는 일의 방식이기도 합니다.

자영업자

부모님의 청과물 가게를 이어받은 G 씨의 경우

할아버지 대부터 이어온 청과물 가게를 3년 전에 이어받았습니다. 소비자의 고령화와 온라인 쇼핑 등의 성장으로 매출이 해마다 줄어들고 있지만, 연세가 많은 손님의 집까지 배달 서비스를 제공하고 채소를 활용한 조리법을 배포하는 등 새로운 서비스를 고민하면서 가게를 유지하려고 노력하고 있습니다.

프리랜서

사진가 H 씨의 경우

출판사 등의 의뢰를 받아 책이나 잡지에 싣는 사진을 찍고 있습니다. 매일 일이 있는 시기가 있는가 하면 일이 별로 들어오지 않는 시기도 있어서 수입이 일정하지 않습니다. 그러나 좋아하는 사진 일로 먹고살 수 있어 행복을 느끼고 있습니다.

회사 대표

세금이나 연금 규정은 일하는 방식에 따라 달라진다

72~73쪽에서 설명한 일하는 방식의 차이에 따라 세금을 납부하는 방식이나 건강보험료, 노후에 받을 수 있는 연금의 액수가 달라질 수 있습니다. 가장 신경 써야 할 일은 아닐 수도 있지만 자신이 어떤 세금과 보험료를 납부해야 하는지 일하는 방식에 따른 규정의 차이를 알아 두면 좋습니다. 말이 나온 김에 인터넷에서 정규직과 비정규직의 차이점 등을 검색해 볼까요?

앱 개발 회사를 경영하는 I 씨의 경우

취미로 스마트폰 앱을 몇 개 만들었는데 그중 하나가 상을 받아서 상품화됐습니다. 그것을 계기로 작은 사무실을 빌려 앱 개발 회사를 창업했습니다. 앱 판매가 잘돼 사원을 늘리고 더 넓은 사무실로 이전하고 싶습니다.

'일한다=돈을 번다' 일할 때 보람이 없으면 안 된다는 생각에 묶이고 싶지 않습니다. 돈을 벌어서 하고 싶은 것을 할 수 있는 지금이 너무나 좋습니다.

– 잡화점 사장(30세)

기왕 하는 거 혹독한 환경에서 나를 성장시키고 싶습니다. 영업이란 고객에게 자신을 파는 일이고, 거기에 보람이 응축돼 있습니다.

– 보험 회사 영업자(26세)

저는 아이들에게 멋진 미래를 만들어 주고 싶습니다. 그래서 하게 된 일이 바른 식생활 교육입니다. 풍요로운 자연과 맛있는 밥, 마음 건강을 아이들에게 주기 위해서 일하고 있습니다.

– 농장 직원(25세)

자신에게 알맞은 공간을 가지고 싶은 고객님에게 최고의 디자이너가 되는 것이 목표입니다.

– 공간 디자이너(37세)

여성으로 태어난 것에 자랑스러워하며, 여성을 있는 모습 그대로 나타내기 위해서 일합니다. 패션의 세계에서 모든 여성이 어떤 선택을 하더라도 멋지게 활약할 수 있는 사회를 만들고 싶습니다.

– 패션 회사 사장(27세)

'갖고 싶은 물건을 사기 위해서 일한다'에서 '가족을 위해서 일한다'로 목표가 바뀌었습니다. 가족이 풍요롭게 살 수 있도록 돈을 벌고 있습니다. "오늘 하루도 열심히 했다!" 가슴을 펴고 말할 수 있도록 일할 것입니다.

– 은행 직원(33세)

돈을 벌고 가족을 지키기 위해 일합니다. 지나간 날들에 딱히 이유를 달았던 적은 없었는데, 돌이켜 보니 언젠가는 '열심히 살았다!'라고 떠올리는 날이 올 거라고 믿으며 일하고 있었는지도 모르겠습니다.

– 건어물 가게 사장(65세)

돈보다 '즐거움'이 최고! 어떤 일이든 매일 하면 생활할 만큼의 돈을 벌 수 있습니다. 그러니 매일 즐겁게 일하는 것으로 만족합니다. 중요하게 생각하는 유일한 것은 새로운 즐거움을 스스로 찾아내는 것입니다.

– 서점 직원(39세)

제 **3** 장

축구를 좋아한다면
축구 선수가 돼야 하는 걸까?

좋아하고 잘하는 '일'

3화

하고 싶은 일이 없다면
이상한 걸까?

그러고 보니 요즘 아빠가 안 오시네요?

← 오른쪽에서 왼쪽으로 읽어 주세요.

10月 19

어라?

엄청나게 바쁘대. 큰 프로젝트가 있어서 주말에도 일한다더라고.

흐음….

라고 했으면서.

뭐, 그래도 열심히 일할 수 있다는 건 좋은 일이잖니.

2주에 한 번은 그쪽으로 갈게~

하하,
네.

다음 달에는
꼭 오겠대.

다녀올게요~

좀 일찍 가서
지난 수업
복습하려고요.

그럼
다녀
오겠습니다!

어라?
오늘은
빨리 가네?

무슨 일
있었나?

좀
어른스러워졌지?

탁

책의 다음
부분을 읽고
새삼 어른은
대단하다고
느꼈다.

사실 사람은
저마다
스스로
생각해
서로 다른
방식의 삶을
선택한다.

우리
입장에서 보면
어른은
어른이고,
모두 똑같아
보이지만

앞으로
10년 안에
나도 학교나
직장을 선택하고,
사는 방식이나
일하는 방식을
정하게 될
것이다.

그런
생각을 하니
마음이 좀
불안했다.

육 상 부

그런
내 마음을
바로 읽은
이모는

무턱대고
조바심 내는 건
의미가 없고,
미래를 위해
할 수 있는 최선은
하루하루를 잘 보내는
것뿐이라고
가르쳐 줬다.

확실히
그렇다.

나는
지금의 내가 할 수 있는 것에
최선을 다하기로 결심했다.

082

하야토!

중학교

아카네.
같은 동네에 사는
반 친구다.
외할머니를 보러
히로시마에 내려올 때
같이 놀곤 했다.
말하자면 소꿉친구다.

수고했어~

아,
아카네.

체력을 좀 더
길러야할것 같아···

육상부
안 힘들어?

활발하고 살가워서
어디에서나
인기가 많다.
아카네와 같은
반이 된 덕분에
전학생인 나는
다른 아이들과도
쉽게 친해질 수
있었다.

전에 다니던
학교에서
등교를 거부했던
나를 배려해
부모님과 선생님이
아카네와 같은
반으로 배정해
주신 것 같다.

너희 조는
유치원이었나?

우리는
서점.

그러고 보니 곧
직업 체험이네.
너희 조는
어디로 가?

난 커서
유치원 선생님이
되고 싶어.

그렇구나.
그럼
좋은 경험이
되겠네.

응!
난 아이들을
좋아해서
엄청 기대 돼!

친척 아이들은 자주
돌봐 주고 있거든

아카네는
하고 싶은 일을
벌써 정했구나
….

응!
내일 봐!

잘 가!

나는 그 말이 진짜 맞는 말이라고 생각해.

무슨 소리야?

노진구도 명언이 있구나...

'나도 분명 뭔가 할 수 있을 거야'라며 안테나를 세우고 있는 사람에게는 신이 힌트를 주신다고.

콕

'나 같은 게 뭘 하겠어? 어차피 안 돼'라고 생각하면 아무것도 감지할 수 없는 사람이 돼 버려.

중학생 때 진로를 정한다는 게 정말 좋은 일인지는 모르는 일이야.

그리고 있잖아... 이건 좀 심술궂은 의견일지 모르지만….

아카네가 자기는 아이를 좋아하니 유치원 선생님이 되고 싶다고 했지?

왜?

그건… 그렇지도.

아동복 회사나 장난감 회사도 있고…

하지만 아이들을 좋아하는 마음을 살리는 거라면 다른 직업도 얼마든지 생각해 볼 수 있잖아?

살면서 좋아하거나 잘하는 일을 우연히 발견할 수도 있어. 여러 사람과 만나면서 하고 싶은 일을 찾는 경우도 있지.

세상에 어떤 직업이 있는지 중학생 때는 다 알지 못하잖아?

087

'나는 무엇을 하고 싶은 걸까?'를 고민하며 사는 것만으로도 좋다고 생각해.

쓰담

하고 싶은 일을 지금 딱 정하지 않아도

아! 다음 부분이 완성됐구나!

…등등의 말들이 이번 원고에 담겨 있지!

책 소개였습니다!

두둥

응. 마음이 좀 편해진 것 같아.

책을 읽으면서 조금 더 어른이 된 기분이 들었다.

거기에는 좋거나 즐겁다는 감정이 일하는 것과 어떻게 연결돼 있는지에 대한 이야기가 있었다.

미래의 나는
어떤 일을 하고 있을까?

어렸을 때부터 미래의 일을 생각하는 것은 매우 중요합니다. 하고 싶은 일을 찾으려면 어떻게 해야 할까요? 먼저 자신이 무엇을 좋아하는지 생각하는 것부터 시작해 봅시다.

'운동을 좋아한다' '독서를 좋아한다' '수학 문제 풀기를 좋아한다' '과자 먹기를 좋아한다' '어린아이들과 노는 걸 좋아한다'처럼 사람에게는 저마다 좋아하는 것이 있습니다. 그것들을 실제 직업과 연결해 보는 거예요. 만화를 좋아한다면 만화가가 되고 싶다, 예능 방송을 좋아한다면 연예인이 되고 싶다, 우주를 좋아한다면 우주 비행사가 되고 싶다는 식으로요.

내가 좋아하는 것은?

만화를 좋아한다

예능 방송을 좋아한다

우주를 좋아한다

좋아하는 것을 떠올렸을 때 생각나는 직업이 있다면 그에 관한 책을 읽거나 어른에게 물어보거나 인터넷에서 검색해 자세히 조사해 보면 좋아요. 그런 일을 하려면 자신이 어떤 노력을 해야 하는지 알게 되거든요. 좋아하는 일이 여러 가지라면 한 가지로 좁히지 말고 좋아하는 것에서 연상되는 여러 직업을 다 조사해 봅시다. 좋아하는 직업이나 꿈을 꼭 하나로 정해야 하는 건 아니니까요.

'나는 ○○○을 좋아해!' '○○○을 하고 있으면 즐거워!' '○○○을 하고 있으면 시간 가는 줄 모르겠더라고!' 그런 일을 할 수 있다면 그건 정말 행복한 거랍니다.

만화가가 된다

연예인이 된다

우주 비행사가 된다

좋아하는 것을 직업으로 삼지 않겠다는 생각도 OK!

야구팬들 중에는 야구와 관련 없는 일을 하면서 휴일에 지인들과 동네에서 야구를 하는 사람도 많아요. 일과 상관없는 취미이기 때문에 순수하게 야구를 즐길 수 있거든요. 좋아하는 일과 관련된 일을 하는 건 멋진 일이지만 좋아하는 것과 일을 엮지 않는 삶의 방식도 나름 괜찮답니다.

축구를 좋아한다면 축구 선수가 돼야 하는 걸까?

아래의 표 순위를 살펴볼까요? 중학생의 희망 직업을 조사한 결과입니다. 여기에 나열된 직업 대부분은 우리가 일상에서 만나는 사람들의 직업이에요. 선생님은 학교에 가면 만날 수 있고, 연예인은 TV를 틀면 언제든 볼 수 있죠. 조금 짓궂은 눈으로 본다면 이런 결과는 대다수의 학생이 세상에 있는 직업을 잘 모르기 때문에 나왔다고 할 수 있을지도 모르겠네요.

표에 나오는 직업을 목표로 하지 말라는 뜻은 아니에요. 오히려 이 표에는 여러분이 좋아하는 것이 숨어 있기에 그 마음을 중요하게 여겨야 한다고 봐요. 다만 세상에는 좋아하는 마음을 살릴 수 있는 직업이 더 많이 있다는 걸 알아 두면 좋겠어요. 축구 선

축구를 좋아한다 는
마음을 살린 직업은…

프로 축구 선수

프로 선수가 되려면 좁은 문을 통과해야만 합니다. 재능도 필요하지만 계속해서 노력하는 사람만이 이룰 수 있는 꿈입니다.

구분	직업명	비율(%)
1	교사	10.9
2	의사	4.9
3	경찰	4.9
4	운동선수	4.3
5	뷰티 디자이너	3.2
6	조리사(요리사)	2.9
7	군인	2.6
8	공무원	2.5
9	컴퓨터 공학자/소프트웨어 개발자	2.5
10	간호사	2.2
11	경영자/CEO	1.9
12	항공기 승무원	1.8
13	건축가/디자이너	1.8
14	법률 전문가	1.8
15	가수	1.8
16	일러스트레이터	1.7
17	심리상담사/치료사	1.7
18	작가	1.7
19	연주가/작곡가	1.7
20	유치원 교사/보육 교사	1.6

※교육부·한국직업능력개발원, 「2019년 초·중등 진로교육 현황조사」
* '교사'는 초등 교사, 중등 교사, 특수 교사 등을 포함한다.
* '뷰티 디자이너'는 헤어 디자이너, 메이크업 아티스트, 네일 아티스트, 타투이스트, 뷰티 매니저 등을 포함한다.
* '법률 전문가'는 판사, 검사, 변호사, 변리사를 포함한다.

수를 예로 들어 볼까요? 축구를 좋아하는 마음을 살릴 수 있는 직업은 축구 선수만 있는 게 아니에요. 축구팀에는 선수뿐만 아니라 감독과 코치, 선수의 건강을 관리하는 사람, 축구 클럽의 경영자와 광고 담당자 등 많은 사람이 일하고 있어요. 팀 관계자 외에도 시합을 촬영하는 사진가, 취재 기자, 축구화 디자이너 등 다양한 역할을 맡은 사람들이 있죠.

축구를 좋아하면 축구 선수가 돼야 한다는 하나의 결과만 생각하지 말고 그 마음을 살릴 수 있는 다른 직업으로 어떤 것들이 있는지 생각해 보면 길이 조금 더 넓어질 거예요.

축구용품 개발자

축구용품 회사는 유니폼이나 스파이크 등을 선수나 팀의 요구에 따라 개발합니다. 축구용품이 계속 업그레이드된다는 점이 재미있습니다.

축구 클럽 광고 담당자

취재 대응이나 공식 사이트 운영, 포스터 같은 광고물 기획 등이 주된 업무입니다. 클럽 광고팀 소속으로 일합니다.

스포츠 트레이너

트레이닝 지도, 부상 예방과 응급 처치, 재활 등 선수를 지원하는 일을 합니다. 팀에 취직하거나 스포츠 센터, 재활 병원 등에서 파견 나오기도 합니다.

스포츠 기자

시합이나 선수에 대해 보도하고 해설하는 일을 합니다. 선수나 감독 등과 직접 인터뷰할 기회도 많습니다. 스포츠 잡지를 발행하는 출판사나 신문사에 취직하거나 프리랜서로 일하는 방법도 있습니다.

좋아하는 것 주변에는 여러 직업이 있다

앞에서 축구를 좋아하는 마음을 살릴 수 있는 축구와 관련된 직업을 소개했어요. 이번에는 조금 더 다양하게 좋아하는 것 주변에 있는 직업을 소개해 볼까 합니다.

만화가를 제외하고 만화를 좋아하는 마음을 살릴 수 있는 직업에는 어떤 게 있을까요? 우선은 출판사에 들어가 만화 편집자가 되는 길이 있어요. 편집자에게는 그림 그리는 능력이나 스토리를 생각하는 능력이 만화가 만큼 많이 필요하지 않습니다. 만화에 대해 많이 알고 어떻게 하면 만화가의 작품을 잘 만들어서 잘 팔지 조언하는 직업이기 때문이죠. 또 책 디자이너라는 직업도 있답니다. 책의 표지와 본문을 작품에 맞게 디자인하는 직업이지요. 얼마나 보기 좋은지에 따라 판매량이 달라지는 경우도 있어서 재미와 보람이 있는 일입니다. 서점 직원이 돼서 만화 코너를 담당하는 것도 좋겠지요. 많은 사람에게 자신이 추천하고 소개하는 만화를 판다면 기분이 정말 좋을 것 같지 않나요?

예능 방송을 좋아하는 마음 주변에도, 우주를 좋아하는 마음 주변에도 여러 직업이 존재합니다. 좋아하는 것과 직접적으로 연관된 직업을 목표로 삼아도 좋겠지만 **좋아하는 것 주변에 있는 직업을 다양하게 조사하다 보면 '이 일 재미있을 것 같은데?'라는 생각이 드는 일을 발견하기도 한답니다.** '아는 것'은 여러분의 세계를 넓혀 줍니다.

우주를 좋아한다 는 마음을 살린 직업은…

연구자
우주의 본질을 파고드는 연구를 합니다. 연구자 덕분에 우주에 관한 새로운 사실을 발견합니다.

우주 비행사뿐만 아니라…

기술자
로켓이나 우주에서 쓰는 실험 기구 등을 만듭니다. 특수한 소재를 다루는 경우도 있습니다.

사무직원
한국항공우주연구원 같은 기관에는 연구 근접 행정과 일반 사무 행정을 지원하는 직원이 있습니다.

만화를 좋아한다 는
마음을 살린 직업은…

편집자

만화가와 상의해 함께
좋은 작품을 만듭니다.

만화가뿐만

아니라…

서점 직원

추천하는 만화를 많은 사람이
읽을 수 있게끔 매대 광고판을
만들거나 홍보하는 일을 합니다.

디자이너

표지나 제목 등을 디자인
해 만화를 더욱더 매력적
으로 만듭니다.

예능 방송을 좋아한다 는
마음을 살린 직업은…

플로어 디렉터

스튜디오 녹화를 할
때 연출자의 지시를
받아 진행을 원활하
게 하는 역할을 합
니다.

연예인뿐만

아니라…

구성 작가

예능 프로그램 등의 기획과 구성,
대본 작성 등에 참여합니다.

매니저

소속 연예인의 스케줄 조정과
이미지 관리, 활동 기획 등을
합니다.

대학에서 연구자의 길을 걷는
건 어떨까요? 한 걸음 한 걸
음 연구를 쌓아 성과를 내는 일이
기 때문입니다.

요리를
좋아한다

그 이유는…

무언가를 만들어 내는
것을 좋아한다

기업에서 상품을 개발하는 일을
해도 좋을 것 같습니다. 자신이
만들고 싶은 것, 있으면 좋겠다
고 생각했던 상품들을 하나하
나 실제로 만들 수 있기 때문입
니다.

좋아하는 이유를 깊이 생각해 보자

왜 좋아하는지, 어떤 점을 좋아하는지 깊이 생각하다 보면 적성에
맞는 직업이 전혀 다른 곳에 있음을 깨달을 때도 있어요.

요리를 좋아하는 사람들에게 왜 요리를 좋아하냐고 물어보면 어떤 답이
나올까요? "이것저것 만드는 걸 좋아해서요" "맛있는 음식을 먹고 행복
해하는 사람들의 얼굴을 보는 게 좋아요" "요리 도구를 사용하는 게 재미
있어요" 등 각각의 이유가 있을 거예요. 예를 들어 레시피를 따라 하며 조
금씩 완성돼 가는 과정을 즐기는 사람이라면 꾸준한 과정을 거치며 자신

전략 짜기를 좋아한다

회사의 영업 방침을 생각하거나 물건을 팔기 위한 전략을 짜는 일이 잘 맞을 수도 있습니다.

게임을 좋아한다
그 이유는…

이야기 속에 푹 빠지는 것을 좋아한다

롤플레잉 게임 등은 매력적인 세계관이나 이야기를 토대로 합니다. 그러한 세계관에 영향을 받은 사람이라면 이번에는 자신이 이야기를 만드는 쪽으로 가서 소설가나 만화가를 목표로 삼아도 좋을 것입니다.

의 연구를 조금씩 진행하는 연구원 같은 직업이 맞을 수도 있어요. 또한 새로운 맛을 만들어 내는 것을 좋아하는 사람이라면 창의성을 살려 기업에서 상품을 개발하는 게 적성에 맞을 수도 있어요. 이처럼 '왜 내가 이걸 좋아하지?' '어떤 점이 즐겁고 재미있는 거지?' 등의 이유를 생각하는 것은 매우 중요한 일입니다. '요리를 좋아하니까 요리사가 될 거야' '요리를 좋아하니까 관련된

일을 할 거야' 같은 생각도 맞아요. 하지만 요리를 좋아하는 마음을 깊숙이 들여다보면 여러분이 좋아하고 재미있다고 생각하는 진짜 이유를 깨달을 수 있답니다. 그 이유에서부터 생각한다면 자신이 어떤 일을 하고 싶은지 조금 더 찾기 쉬울 거예요.

좋아하고 재미있다고 생각하는 것들의 이유를 고민하는 일은 미래의 가능성을 점점 더 넓히고 구체적으로 변화시킬 거예요.

특기와 장점은
직업을 찾는 지름길

지금까지 좋아한다는 관점에서 직업을 생각해 봤습니다. 그러면 이제부터는 할 수 있는 것과 적성의 관점에서 직업을 생각해 볼까요? 1장에서 일은 다른 누군가에게 도움이 되는 것이라고 이야기했습니다.

즉, 자신이 잘하는 것을 살려 다른 사람에게 도움을 주고 적성을 살려 사회에 공헌하는 것이 직업의 본질입니다.

여러분의 특기는 무엇인가요? '운동 신경이 좋다' '재미있는 걸 잘 생각해 낸다' '그림을 잘 그린다'와 같이 특기는 사람마다 다르답니다. 또한 '리더십이 있다' '생각이 깊다' '사람들이 하기 싫어하는 일을 앞장서

소설가 가 된다

자신의 생각을 글로 표현하는 재능이 있는 사람은 소설가를 목표로 삼아도 좋을 것 같습니다. 소설에는 추리 소설이나 SF 소설 등 여러 장르가 있습니다.

작문에 자신 있다

대학교수 가 된다

전문 분야를 연구하고 그 성과를 논문으로 발표합니다. 가르치는 학생의 논문을 지도하기도 해서 작문에 자신 있는 사람에게 맞는 직업이라고 할 수 있습니다.

영업자 가 된다

제품이나 서비스를 고객이 구매하게 만드는 게 영업입니다. 사람을 웃게 하는 것은 영업하는 데 큰 무기가 됩니다.

코미디언 이 된다

오디션에 도전해서 코미디 방송 등에 출연하는 것을 목표로 노력합니다.

사람들을 웃기는 데 자신 있다

서 먼저 한다'와 같이 성격의 장점도 찾아봅시다. 자신 있거나 잘하는 게 없다고 생각하는 사람은 기준을 너무 높게 잡은 걸지도 몰라요. 그러니 먼저는 '다른 일보다 조금 더 잘할 수 있는 것'을 자신 있는 일이라고, '나의 이런 점은 꽤 괜찮은 것 같다'라고 느끼는 것을 장점이라고 생각해 봅시다. **자기 자신을 필요 이상으로 낮게 평가하거나 다른 사람과 비교하며 마음을 닫아서는 안 됩니다.** 마음을 닫고 자신을 부정하는 것은 재능의 싹을 잘라 버리는 일이에요. 자신이 생각하는 특기와 장점을 연마하면 그것들은 언젠가 빛나는 열매를 맺게 될 거예요.

영어에 자신 있다

통역가 가 된다

서로 다른 언어를 사용하는 사람들이 원만하게 의사소통할 수 있도록 외국어를 우리말로 통역하거나 우리말을 외국어로 통역합니다.

호텔 에서 일한다

외국 관광객이 늘어나면서 호텔에서 일하는 사람에게 어학 능력이 점점 더 필요해지고 있습니다.

여행 가이드 가 된다

여행사 등에 소속돼 여행객을 관리하고 이끌며, 여행에도 동행해 현지에서 필요한 모든 일을 처리합니다. 관광지를 안내하고 공항이나 호텔에서 발생하는 문제에 대처하려면 영어가 필요합니다.

물건 만들기에 자신 있다

목수 가 된다

예전부터 있던 직업이지만 CAD(컴퓨터를 사용한 자동 설계)로 도면을 만드는 등 최신 기술을 끊임없이 도입해 작업을 정교하게 만들어 나가야 합니다.

공업 디자이너 가 된다

문구나 가구, 자동차, 컴퓨터, 가전제품, 인테리어, 환경 조경 등을 디자인하고 설계합니다. 이러한 제품을 생산하는 기업에 취직하는 것이 일반적입니다.

주변 사람들의 칭찬에
귀를 기울여 보자

앞에서 특기나 장점을 스스로 찾기 위한 방법을 소개했습니다. 그런데 이러한 특기나 장점을 주변 사람이 이야기해 줄 때도 있답니다. 학교에서 발표하고 난 뒤 친구들에게 "이해하기 엄청 쉬웠어!"라는 말을 듣거나 선생님에게 "청소를 항상 꼼꼼하게 잘하는구나"라는 칭찬을 들었을 때처럼

늘 목소리가 좋다고 생각했는데 노래도 잘 부르네!

성우나 내레이터? 뮤지컬 배우 같은 건 어떨까?

좋은 평가를 받았던 기억을 떠올려 보세요. 발표를 잘한다는 건 말주변이 좋거나 이야기 구성을 잘한다는 걸지도 몰라요. 청소를 꼼꼼하게 한다는 건 깨끗한 걸 좋아할 뿐만 아니라 매사에 일 처리를 깔끔하게 하는 능력이 있다고 볼 수 있어요.

이처럼 의식하지 않아 알지 못했던 나의 장점을 다른 사람이 발견하는 경우가 있습니다. 이야기를 듣고 나서야 '아하, 나의 이런 점이 특별한 거였구나!' 하고 깨닫는 경우도 많아요. **사람과의 관계 속에서 발견한 자신의 장점은 앞으로 많은 사람과 어울릴 때 발휘될 거예요.** 그러니 앞으로 하고 싶은 일을 생각할 때 사람들에게 들은 평가를 돌아보면 좋겠지요?

단점과 장점은 한 끗 차이

손재주가 있는 사람은 의상 디자인이나 봉제, 섬세한 부품을 조립하는 기계 계통 엔지니어 같은 일이 잘 맞을 것 같네요. 또 계산이 빠른 사람은 은행이나 증권 회사에서 돈이나 주식을 운용할 때 유리하겠죠. 어릴 때부터 자신의 장점을 알고 실력을 키우는 일은 자신감과 연결됩니다. 성인이 돼 사회에 나갈 즈음에는 그 장점이 커다란 무기가 될 거거든요.

장점 키우기의 중요성은 이제 잘 알겠는데, 그렇다면 단점은 어떻게 해야 할까요? 단점은 좋지 않으니 없애야 한다고 생각하는 사람이 많을 것 같은데, 사실 장점과 단점은 동전의 양면과 같은 관계랍니다. 예를 들어 차분하지 않다는 단점이 있는 사람은 '호기심이 왕성해서 여러 가지 일에 흥미가 많다'는 장점이 있는지도 몰라요.

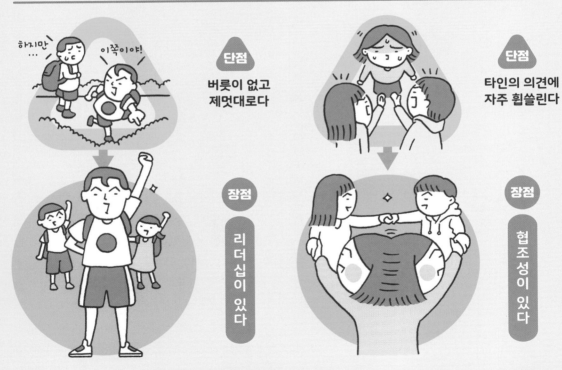

단점 버릇이 없고 제멋대로다 → **장점** 리더십이 있다

단점 타인의 의견에 자주 휩쓸린다 → **장점** 협조성이 있다

버릇이 없고 제멋대로라고 지적받는 사람은 주변 사람들과 타협하는 연습을 해 봅시다. 의견이 모이지 않아 결단이 어려울 때 주변 사람들을 이끄는 능력을 발휘하게 될 수 있습니다.

타인의 의견에 휩쓸리기 쉬운 사람은 주변의 목소리를 듣고 조금 더 좋은 의견을 한데 모을 수 있는 사람입니다. 이런 사람은 자신의 의견을 표현하는 연습을 해 본다면 모두가 만족하는 결론을 끌어낼 수 있습니다.

부모님이나 형제, 학교 선생님 등 가까운 사람에게 야단맞을 때 "너는 ○○한 면이 있어"라고 단점을 지적당하는 경우가 있죠. 반성은 필요하지만 단점도 자신을 특징짓는 성격이랍니다. **조금만 궁리해서 활용하거나 관점을 바꾼다면 단점은 뛰어난 개성이 되기도 합니다.** 단점이 장점이 되는 예를 한번 살펴볼까요?

단점 쉽게 포기하지 못한다

장점 인내심이 있다

아무리 "이제 그만하자!"라고 해도 무슨 일이든 계속할 수 있는 사람은 인내심이 있다고 할 수 있습니다. 마지막까지 해내고자 하는 자세가 성공을 가져오기도 합니다.

단점 굉장히 까다롭다

장점 섬세하다

까다롭고 신경질적이라고 지적받는 사람은 상대방에게 자신의 의견을 잘 전달하려는 노력이 필요합니다. 잘 전달할 수만 있다면 듣는 사람도 고마워할 것입니다. 세세한 부분을 잘 살피기 때문에 일이 잘 진행되는 경우도 많습니다.

단점 참견쟁이

장점 배려를 잘한다

참견쟁이라고 불리는 사람은 돕고 싶은 상대를 존중해야 합니다. 상대방의 생각이나 의견을 들으면서 필요한 지원을 슬며시 해 주는 사람은 누구에게나 귀중한 존재입니다.

아직 하고 싶은 일이 없어도 괜찮아!

지금까지 자신이 좋아하고 잘하는 것을 찾아 앞으로의 일과 연결시키는 이야기를 해 봤습니다. 그러나 "하고 싶은 일이 없어…" "어떤 직업을 갖고 싶은 건지 잘 모르겠어…"라고 이야기하는 친구도 있을 거예요. 꿈과 목표가 정해져 있는 다른 친구들과 비교

하며 '역시 난 안 돼'라고 생각할 수도 있겠죠. 하지만 그렇게 생각하지 않기로 해요.

청소년은 행동 범위가 아직 좁고, 세상의 구조를 정확히 이해하기도 힘듭니다. **성장하면서 행동 범위를 넓히고, 자기 힘으로 할 수 있는 일을 늘리면서 세상을 조금씩 알아 가면 하고 싶은 일이 보이기 시작하는 법입니다.** 그러니 초조해하지 않아도 괜찮답니다.

청소년 시기에는 몸도 마음도 계속해서 눈부시게 성

보육 교사 A 씨

진로에 대해 여러 가지로 많이 고민했어요. 대학에서 복지를 전공했지만 보육 교사가 되기로 마음먹고 자격증을 땄어요. 힘든 일이지만 굉장히 보람 있어요!

특별히 하고 싶은 일은 없었지만 운전을 좋아해서 지금은 택배 일을 하고 있습니다.

나중에 식당을 물려받으면 된다고 가볍게 생각했어요. 하지만 요리 학교에서 공부하면서 이 일이 얼마나 멋진지 알게 됐어요. 식당을 그냥 이어받기만 하는 게 아니라 음식을 맛보는 손님을 만족시키기 위해 계속해서 노력할 생각입니다.

레스토랑 수습 요리사 B 씨

택배 기사 C 씨

장합니다. 하고 싶은 일을 찾았다고 생각해도 사고방식이 달라져 흥미나 관심이 다른 일로 옮겨 가는 일도 자주 있지요. 장래에 대해 갈피를 잡지 못하거나 생각이 자주 바뀌는 건 진로의 방향성을 잡는 데 필요한 과정이기도 합니다.

일을 훌륭하게 잘하는 어른은 어릴 때부터 하고 싶은 일이 있어 그 일을 하기 위해 헤매지 않고 걸어온 것처럼 보입니다. 하지만 사실은 뭘 하면 좋을지 알 수 없는 상태에서 더듬어 가며 진로를 정한 사람들이 대부분이에요. '벌써 하고 싶은 게 있다니 대단하다' '하고 싶은 일을 찾지 않으면 안 돼'라고 조급해할 일은 아닙니다. 지금 확실한 미래 목표가 없어도 자신을 똑바로 바라본다면 머지않아 하고 싶은 일을 만나게 될 거예요.

일하는 사람들에게 물어봤다!

영업자 D 씨

아무 생각 없이 취직한 회사에서 영업 일을 하고 있습니다. 처음에는 고생했지만 사람들과 이야기하는 것을 좋아해서 이 일이 잘 맞는다는 걸 깨달았습니다. 지금은 정말 즐겁게 일하고 있습니다.

어릴 적엔 우주 비행사가 되고 싶었지만 지금은 건축 사무소에서 일하고 있습니다. 원래 기계 만지는 걸 좋아해서 지금 하는 일이 꽤 마음에 듭니다.

건축 사무소에서 일하는 F 씨

대학을 졸업하고 IT 관련 회사에서 일하다가 귀농했어요. 새로운 품종을 개발하는 등 농사는 창조성이 있어 재미있습니다.

농장에서 일하는 E 씨

하고 싶은 일을 발견하는 '재미 안테나' 세우기

하고 싶은 일이 없다고 초조해할 필요는 없지만, 미래를 위해 아무것도 생각하지 않고 행동도 할 필요가 없다는 건 아니에요. 지금부터 하고 싶은 일을 발견하기 위한 '재미 안테나'를 설치하는 방법을 알려 드릴게요.

먼저, 직업과 관련된 책을 읽어 봅시다. 여러 직업을 소개하는 책을 읽으면 세상에는 다양한 일이 있고 사회에 공헌하는 방법도 여러 가지라는 사실을 알수 있어요. 일에 관련된 만화나 소설을 읽는 것도 좋아요. 이야기를 재미있게 만들기 위해 보통은 각색이 돼 있긴 하지만 그 직업의 뒷이야기를 알 수 있답니다. 만화나 소설로 그 일을 알게 돼 직업의 목표로 삼게 됐다는 것도 자주 들을 수 있는 이야기입니다.

사회에서 활약하는 사람을 밀착 취재한 다큐멘터리 방송을 보는 것도 좋은 방법이에요. 그 사람들이 일하는 현장 상황이나 일에 대한 마음을 알게 되면서 하고 싶은 일을 발견하게 될지도 모르거든요. 그리고 무엇보다 중요한 것은 생활하면서 '왠지 신경 쓰여' '뭔진 몰라도 재미있는데?'라고 생각한 것 뒤에 무엇이 있는지 조사해 보는 것입니다. 예를 들어 '내가 좋아하는 과자를 편의점에서는 파는데 마트에서는 팔지 않네. 왜 그럴까?'라는 생각이 들었다면 한번 조사해 보거나 어른들에게 물어보는 거죠. 그랬더니 그 과자를 만든 회사의 마케팅 담당자가 '이 상품은 젊은 사람들에게 인기가 있을 것 같으니 마트보다는 젊은 사람들이 자주 가는 편의점 중심으로 팔자'라고 생각했다는 걸 알게 된 거예요. 그러면 '마케팅에 따라 판매처가 달라지기도 하는구나. 재미있다!'라는 생각이 들지도 몰라요. '신경이 쓰인다 → 조사한다 → 재미있다!' 과정을 경험하면 하고 싶은 일이 보이기 시작합니다.

재미있다고 생각하는 일, 흥미를 갖는 일은 사람마다 다릅니다. 여러분의 안테나에 걸리는 직업이나 일이 있다면 조사해 봅시다.

다큐멘터리 방송을 본다

책을 읽는다

TV는 보는 사람의 마음을 끄는 멋있
는 장면을 보여 주고 다양한 일을
소개합니다. 책과 마찬가지로 흥
미를 느꼈다면 나름대로 조사해 봅시다.

여러 직업을 모은 직업 소개서나 일과 관련 있
는 소설 등은 그동안 몰랐던 세계를 아는 데
도움을 줍니다. 흥미를 느낀 직업이 있다면 인
터넷이나 책으로 자세하게 조사해 봅시다.

신경 쓰이는 일 뒤에 있는 직업을 조사한다

자신의 눈으로 보고 피부로 느끼고 흥미가
생긴 일을 소중하게 여깁시다. 생활하면서
발견한 흥미에 솔직해지고, 거기에 어떤 일
들이 있는지 조사해 봅시다.

하고 싶은 일을 찾았다!
그다음은…?

하고 싶은 일을 찾았다면 어떤 과정을 거쳐야 그 일을 할 수 있는지 조사해 봅시다. 예를 들어 장난감 만드는 일을 하고 싶다면 완구 회사에 취업하는 방법을 조사하는 거죠. 완구 회사 같은 일반적인 기업에 취업하고 싶다면 우선 그 회사의 채용 과정을 밟아야 합니다. 취직하고 싶은 회사의 홈페이지 등에서 그 기업의 채용 방식을 조사하고요. 기업에 따라서는 대학교 졸업이 채용 조건이 되기도 해요. 일하는 직종에 차이를 두고 고

학창 시절에는 …

대학교 입학

취업 활동

기획부 입사

장난감을 기획하고 싶다!

기업별로 채용 기준이 다르지만 대학교 졸업이 조건이라면 대학교에 입학해야 합니다. 그다음 입사하고 싶은 기업에 지원해 채용 과정을 밟습니다. 하지만 기업에 입사하더라도 처음부터 기획 일을 맡을 수는 없습니다.

대학교수가 되고 싶다!

대학교에서 기본적인 공부를 합니다. 그다음 대학원의 석사와 박사 과정을 거치며 연구를 계속하고 자신의 아이디어를 논문으로 발표합니다. 그리고 교수를 채용하는 학교에 지원해 대학교수가 됩니다.

박사 과정

제 연구의 의의는…

석사 과정

대학교 입학

취업 활동

패션 디자이너가 되고 싶다!

전문학교에 입학해 기본적인 지식이나 기능을 익히는 사람이 많습니다. 그런 다음 취업 준비를 해서 의류 기업에 입사합니다. 경험을 쌓고 능력을 키우면 독립할 수도 있습니다.

전문학교 입학

멋있는 의상을 만들고 싶습니다!

취업 활동

의류 기업 입사

독립

등학교 졸업자와 대학교 졸업자를 채용하는 경우도 있죠. 인기가 많은 기업은 지원자 수가 채용하려는 인원의 100배 이상이 되기도 한답니다.

직업에 따라 취업 방법도 달라져요. 또한 필요한 자격증이나 학력도 달라집니다. 하고 싶은 일이 있다면 어떤 수순을 밟아야 그 일을 할 수 있는지 조사해 둡시다. 하고 싶은 일이 여러 개라면 어떤 일이든 할 수 있게끔 조건을 만들어 둘 필요가 있습니다.

블라인드 채용이란?

지원자에게 출신지, 학력, 성별 등 차별을 일으킬 수 있는 항목을 요구하지 않고 실력(직무 능력)으로 평가해 인재를 채용하는 방식입니다. 우리나라에서는 공공기관과 공기업을 비롯해 많은 회사가 이러한 방식으로 인재를 채용하고 있습니다. 2019년 3월에는 '블라인드 채용법'이 국회에서 통과됐습니다.

교수 임용

직업을 꿈꿀 때 주의해야 할 점

좋아하는 것, 잘하는 것, 하고 싶은 것이라는 관점에서 직업을 선택하는 것은 중요하지만 그것만으로 직업을 결정할 수는 없습니다.

하고 싶은 일에 대해 생각할 때 즐거운 작업 과정이나 기분 좋은 순간만 주목하기 쉬워요. 하지만 그런 것들은 일의 작은 부분일 뿐이에요. 일하다 보면 재미없고, 귀찮은 작업도 많고, 다른 사람에게 혼나거나 사과해야 하는 일도 종종 생기기 때문에 인내심이 필요합니다. 그 점을 이해하지 못한다면 '상상했던 것과 다르네'라며 일을 일찌감치 그만두게 됩니다.

또한 희망하는 회사에 입사했지만 희망 부서에 배치되지 않는 경우도 자주 있어요. 이러한 상황에 놓인다면 우선 주어진 역할을 열심히 해야겠지요? 반대로 희망 부서에 들어가더라도 경험이 부족해 좀처럼 활약하지 못하고 잡무만 해야 하는 경우도 있어요.

이러한 점들을 볼 때 좋아하고 하고 싶은 일을 한다는 것에 너무 큰 기대를 하지 않도록 주의해야겠지요? **기대만큼 실망도 큰 법이니**

하고 싶은 일을 당장 할 수 없더라도 현재의 경험을 하고 싶은 일에 활용할 수 있습니다. 그러니 하고 싶은 일에 대한 열정을 잃지 말고 눈앞의 일에 최선을 다하는 게 중요합니다.

까요. 긴 안목으로 자신을 보고, 우선 눈앞에 있는 일에 최선을 다하는 게 중요합니다. 실적이 생기고 주변의 신뢰를 얻으면 좋아하고 하고 싶은 것을 실현하기 쉬워집니다.

또한 좋아하는 일을 할 수 있다는 기대감을 갖고 입사한 회사의 노동 환경이 혹독할 가능성도 있어요. 좋아하고 하고 싶다는 강렬한 마음으로 어려움을 이겨 내기 위해 노력하는 사람도 있지만 혹독한 노동 환경에 지쳐 심신이 병드는 사람도 생기죠. 그러니 하고 싶은 일이더라도 워라밸(66~67쪽)을 고려하며 자신의 인생 가치관을 소중히 여겨야 합니다.

하고 싶다고 생각한 일이라도 노동 환경이 혹독한 경우가 있습니다. 그때가 자신의 워라밸을 생각해야 할 순간일지도 모릅니다. 자신의 가치관을 소중히 여기며 직장을 옮기거나 일하는 방식을 다시 생각해 봐야 합니다.

일에 자신이 좋아하는 것을 더할 수도 있습니다. 그 사람만이 할 수 있는 '덧셈'이 일을 성공으로 만들기도 합니다.

좋아하는 것을 일에 섞어 넣는다

아이들에게 인기 있는 브랜드와 협업하면…?

좋아하는 일을 직업으로 삼지 않아도 괜찮아!

좋아하는 일을 직업으로 삼는 게 불가능하다고 해도 **좋아하는 것에 '연결하기'는 가능합니다.** 좋아한다는 건 그 사람다움의 하나예요. 좋아하는 것을 일에 연결해 그 사람다움을 살리면 누구도 흉내 낼 수 없는 작업을 할 수 있게 된답니다.

예를 들어 G 씨는 꾸미는 걸 좋아해 패션 업계에 관심이 있지만 실제로는 초등학생 참고서 편집 일을 하고 있어요. G 씨는 새로운 참고서 기획안을 고민하던 중 '내가 초

취업설명회

공연장에서 이벤트를 동시에 개최하는 방법을 우리 취업설명회에서도 해 보면…?

등학생이라면 보기에도 멋진 참고서를 갖고 싶을 것 같아'라는 아이디어가 떠올랐어요. 패션 브랜드와 함께 작업해 만든 G 씨의 참고서는 큰 인기를 끌었습니다.

음악을 좋아하는 H 씨는 기업 인사팀에서 일합니다. H 씨는 취업설명회를 재미있게 열어서 학생들의 지원서를 많이 받고 싶었죠. 그래서 여러 무대를 만들어 동시에 공연하는 록 페스티벌 방식을 도입했어요. 참가한 학생들이 자유롭게 돌아다니면서 볼 수 있게끔 말이죠. H 씨의 아이디어는 별난 취업설명회로 화제가 됐습니다.

이처럼 자기가 하는 일에 좋아하는 것을 섞어 성공시킨 사례가 있는가 하면, 좋아하는 것이 일로 발전하는 경우도 있답니다. 취미로 쓴 소설을 블로그에 올리거나 신인상에 응모해 책을 출간하고 작가가 된 경우를 예로 들 수 있겠네요. 취미로 유적지를 돌아다니며 블로그에 글을 올렸는데 점차 TV에 출연하고 잡지에 글을 싣게 돼 평론가가 된 경우도 있겠죠. 자주 있는 일은 아니어도 이처럼 좋아하는 것에 뜨거운 마음을 발산해서 인생이 변하는 경우도 있답니다.

지금까지 좋아하는 것이 일로 연결되는 예를 소개했는데요, 무엇보다도 여러분이 좋아하고 하고 싶다고 생각하는 것을 소중히 여겼으면 합니다. **좋아하는 것, 하고 싶은 것은 여러분이 가진 멋진 개성 중 하나이며 여러분의 인생을 빛낼 큰 힘을 가지고 있으니까요.**

좋아서 열광적으로 했던 것이 일이 되기도 합니다. 자기 생각을 행동으로 옮기다 보면 이런 일이 생기는 경우도 있습니다.

좋아하는 것을 끊임없이 갈고 닦는다

여러 나라의 성을 둘러보는 블로그

이 성의 주인이었던 ○○가…

문화재 투어

어른이 돼도 진로 고민은 계속된다

일이 자신에게 맞는지 어떤지는 그 일을 해 봐야 알 수 있어요. 지금 하는 일보다 더 하고 싶은 일을 찾았다든지, 하고 싶다고 생각해서 한 일인데 실제로 해 봤더니 맞지 않는 경우도 많거든요. 물론 기왕에 하게 된 일이니 조금 맞지 않더라도 계속해 보는 것도 나쁘지는 않습니다. 그렇지만 맞지 않는 일을 계속하면 정신적으로 힘들어질 수도 있어요. 여러 부서가 있는 회사에서 근무한다면 부서 변경을 시도해 볼 수 있겠지요? 새로운 일에 도전하고 싶거나 새로운 일터로 가고 싶다는 마음이 강력한 경우에는 직장을 옮겨도 좋겠지요. 청소년 시기에는 앞으로 어떤 일을

이번에야말로 잘 팔릴 것 같아!

육아하는 사람도 편하게 일하려면…

재고처분 반값!!

제과 회사 기획팀에서

부서를 이동한 I 씨의 경우

어릴 때부터 과자를 좋아해서 제과 회사 기획팀에 들어갔지만 좀처럼 히트작을 내지 못해서 자신감을 잃어가고 있었습니다. 고민 끝에 회사에 부서 이동을 신청해서 지금은 인사팀에 있습니다. '모두가 일하기 편한 회사를 만들려면 어떻게 해야 할까?'를 회사 안팎의 사람들과 의논하며 새로운 인사 제도를 생각하고 있습니다. 직장 동료 모두에게 도움이 되고 있다는 사실에 보람을 느끼며 일하고 있습니다.

같은 회사 인사팀으로

하고 싶은지 생각할 수는 있어도 그 이후에 벌어질 일까지 생각하는 일은 거의 없을 거예요. 취업하고 나면 목표에 도달했다고 생각하기 쉬워요. 그러나 **취업 이후의 인생이 더 길답니다.** 어른이 돼서 일을 시작한 후에도 '내가 하고 싶은 일이 뭐지?' '어떻게 일해야 행복해질 수 있을까?'라는 물음은 계속됩니다. **새롭게 하고 싶은 일을 발견했거나 직장 선택에 실패했다고 생각될 때, 거기서부터 바로잡을 수 있다**는 사실을 알아 두면 좋겠습니다.

무너진 종신고용제

옛날에는 특별한 경우를 제외하고는 노동자를 해고하지 않고 정년까지 고용하는 '종신고용제'가 있어 직장을 옮기는 것은 드문 일이었습니다. 그러나 소위 안정적이라고 말하는 대기업이 도산하고, 실적이 나빠져 구조 조정하는 기업도 생기며 종신고용제는 무너지고 있습니다. 그에 따라 이제는 직장을 옮기는 일이 드물지 않게 됐습니다.

TV 방송 제작 회사에서

전직한 J 씨의 경우

전에는 TV 방송을 제작하는 회사에서 일했습니다. 보람 있는 일이었지만 바쁜 데 비해 월급이 적고 건강도 나빠져 그만뒀습니다. 지금은 웹디자인 회사로 이직해 전 회사에서 익힌 영상 지식을 살려 일하고 있습니다. 월급도 조금 올랐고 일과 생활의 균형도 잡혀서 만족합니다.

웹디자인 회사로

하고 있는 일에 재미를 느끼는 순간은?

지금까지 자신이 좋아하는 것을 살펴보며 하고 싶은 일을 찾아보자는 이야기를 했습니다. 그런데 좋아하는 것을 자기 일로 만들지 못한 사람이나 하고 싶은 일을 찾지 못한 사람은 어떻게 해야 될까요? 매일 시시하다고 생각하며 어두운 마음으로 일해야 할까요? 그렇지 않아요. 어떤 일에도 기쁨과 즐거움은 있답니다. 여기에서는 일하면서 기쁘고 즐겁다는 생

상품 기획

어떤 가전제품이 있으면 좋을지 늘 생각합니다. 쉬는 날에는 항상 가전제품 매장에 가서 어떤 제품이 잘 팔리는지 관찰합니다. 이렇게 노력한 결과 최근에 드디어 히트 상품을 만들었습니다. 제가 생각해 낸 물건을 많은 사람이 찾는다는 게 무척 기쁩니다.

영업

이 일을 하게 만드는 최고의 기쁨은 역시 감사의 말을 들을 때입니다. 동물은 말을 못 하기 때문에 보호자는 반려동물이 혹 아픈 게 아닌지 매우 불안해합니다. 그래서 저는 반려동물과 보호자 사이에서 통역을 합니다. 제 지식과 기술로 동물을 구했을 때 성취감도 얻을 수 있습니다.

수의사

기뻤던 일은 부서에서 최고 실적을 달성해 회사에서 표창을 받았던 일입니다. 어떻게 하면 우리 상품을 알릴 수 있을지, 어떻게 하면 잘 판매할 수 있을지를 매일 생각하며 일했습니다. 그런 노력을 회사와 동료에게 인정받아 기뻤습니다.

각이 들었던 순간을 소개해 볼까 합니다. 주변에 있는 어른들에게도 물어보세요.

일하면서 기쁘고 즐거운 순간은 감사의 말을 듣거나, 자신이 쓸모 있게 느껴지거나, 칭찬을 들었을 때인 것 같습니다. 1장에서 일은 누군가에게 도움이 되는 것이라고 말했는데 **사람은 누군가에게 도움을 줌으로써 기쁨을 느끼는 존재이기도 합니다.** 일은 괴롭고 힘든 거라고 생각하는 사람도 있겠지만 결코 그런 것만은 아닙니다. '누군가에게 도움이 되며 필요한 존재'라고 느낀다면 만족하고 일할 수 있어서 그 일을 좋아하게 되기도 한답니다.

불꽃놀이 장인

가업을 이어서 하고 있습니다. 이 일의 가장 큰 기쁨은 뭐니 뭐니 해도 불꽃놀이를 보는 사람들의 환호성입니다. 불꽃을 쏘아 올리려면 준비를 많이 해야 하고, 마지막에는 날씨에 운을 맡겨야만 합니다. 여러 과제를 극복하고 얻은 환호성은 그 무엇도 대신할 수 없는 기쁨입니다.

접객

스마트폰을 판매하고 있습니다. 스마트폰에 대해 잘 모르는 손님도 많이 오시기 때문에 제 나름의 방식으로 이해하기 쉽게 설명하려고 노력합니다. 가끔 손님에게 "알아듣기 쉽게 설명해 주시네요, 감사합니다"라는 말을 들을 때면 노력을 보상받은 기분이 들어서 기쁩니다.

예전부터 그림을 잘 그려서 이 일을 하게 됐습니다. 주로 출판사와 일하지만 제 일러스트를 보고 의뢰해 주시는 분도 있습니다. 제 특기인 일러스트를 많은 사람이 원하고 있다는 사실에 순수하게 기쁜 마음이 듭니다.

감사합니다

이 책의 일러스트 좋았어요!

일러스트레이터

꿈을 찾는 데
늦은 때란 없다

앞에서 일하면서 기쁨을 느끼는 순간에 대해 이야기했습니다. 이런 경험을 하고 나면 사물을 보는 눈이나 사고방식, 가치관이 변해요. **일은 인간을 정신적으로 크게 성장시킵니다.** 성장하는 건 아이들만이 아니에요. **어른이 되고 나이가 들어도 인간은 계속 성장합니다.**

일을 통해 여러 사람과 만나고 여러 경험을 하면 앞으로 어떻게 일해야 할지, 어떤 일을 하면 행복할지 분명해집니다. 일을 시작한 뒤에 발견한 꿈이라고 할 수 있죠. 그러면 지금부터 일을 시작하고 나서 꿈을 찾은 사람들의 예를 살펴볼까요?

지식을 쌓아서 아이들에게
꿈 심어 주기

철도 회사 근무 2년 차

고등학교를 졸업하고 철도 회사에 입사했습니다. 개찰구에 서서 하루하루를 그냥 보냈습니다. 편한 일이라는 확신으로 입사한 저는 일하는 이유를 따로 생각해 본 적이 없었습니다. 고속열차에 대한 지식도 전혀 없었고, 승객이 어려운 질문을 하면 선배에게 넘겼습니다.

어느 날 늘 하던 대로 개찰 업무를 하고 있는데, 한 남자아이가 다가와 고속열차의 출발 시간을 물었습니다. 시간을 알려 주고 "열차를 좋아하니?"라고 물었더니 "네! 엄청 좋아해요! 아저씨처럼 뭐든지 다 아는 사람이 될 거예요"라는 대답이 돌아왔습니다. 이런 저라도 어느새 누군가의 부러움을 사는 존재가 됐음을 깨달았습니다. 그날부터 저는 아이들에게 못난 모습을 보이고 싶지 않다는 생각을 하게 됐습니다. '언제까지고 선배에게 의지해선 안 돼. 모르는 것을 방치하지 말자'라고 생각을 바꿨습니다.

지금은 차장이 돼 고속열차를 운전하고 있습니다. '열차를 좋아하는 아이들이 멋지다고 생각할 만한 사람이 되겠다.' 그것이 제가 일하는 이유이자 꿈입니다.

많은 사람에게 나의 일 알리기

양계업 20년 차

양계는 닭을 기르고 달걀을 파는 일입니다. 저는 가업이기도 한 이 양계업을 잇는 게 당연하다고 생각하며 일했습니다. 한편으로는 언제까지 이 일을 해야 할까 생각하던 중 어느 행사에서 한 아티스트를 만났습니다. 그는 자신의 힘으로 주변 사람들을 즐겁게 만들고 있었습니다. 그와 내가 도대체 무엇이 다른지 생각했습니다. '지금의 행복을 느끼지 못하는 나는 분명 언제가 돼도 행복해지지 못할 것이다.' 깨달음을 얻은 저는 처음으로 양계라는 일을 마주 봤습니다. '어떻게 하면 일이 재미있어질까?' '이 일에는 어떤 가치가 있는 걸까…' 고민 끝에 고객이 병아리를 직접 볼 수 있는 이벤트와 양계장 견학을 기획했고, 저희 농장의 자랑인 달걀로 푸딩을 만들었습니다. 방문해 주신 고객들은 물론이고 동료들도 즐기고 있는 것 같습니다. 제가 생각해 낸 일로 사람들이 즐거워하고 감동하는 그 순간이 기쁩니다. '이것이 내가 이곳에서 일하는 가치구나'라는 생각이 들었습니다. 앞으로도 이 일을 통해 사람들을 즐겁게 해 주고 싶습니다.

자신이 있을 곳 발견하기

보험 회사 근무 1년 차

대학을 졸업하고 보험 회사에 취직해 자동차 사고 보험을 담당하고 있습니다. 사실 꿈을 찾지 못해 어쩌다 시작하게 된 일입니다. 대학에 다닐 때는 하루하루가 만족스러웠고, 정신적으로도 풍요로운 시간을 보냈습니다. 그런데 취직이라는 환경의 변화가 이 균형을 무너뜨린 것 같았습니다. 회사에서 제가 있을 곳을 발견하지 못하고 있다는 기분이 들었습니다. 그래서 일단은 최선을 다하고 그 자세를 인정받자는 마음으로 일했습니다. 지금은 고객에게 듣는 "감사합니다" "담당자가 당신이어서 참 다행이에요"라는 한마디에 보람을 느끼고 있습니다. 제가 한 일을 고객에게 인정받을 때 정말 기쁩니다.
이러한 경험을 늘려서 대학에 다닐 때보다 지금이 더 행복하다고 말할 수 있으면 좋겠습니다. 우선은 직장에서 제가 있을 곳을 발견하고 인정받겠다는 꿈을 이루고 싶습니다.

10 세

축구 선수가 되고 싶다!

12 세

의사가 되고 싶다!

축구를 좋아하는 부모님의 영향을 받아 소년 축구팀에 들어 갔습니다. 학교에서 쉬는 시간이나 휴일에도 시간만 있으면 친구들과 축구 하는 나날을 보냈습니다.

누나가 보던 드라마를 함께 보면서 난치병을 고쳐 사람들에 게 존경받는 의사가 멋있다고 생각하게 됐습니다. 의사가 되 고 싶어 학교 공부를 열심히 했습니다.

꿈이 자꾸 바뀌어도 괜찮아!

지금 여러분이 좋아하는 것을 떠올려 보세요. 좋아하 는 운동이든, 좋아하는 친구든, 뭐든 상관없어요. 그 것들을 5년 전에도 좋아했나요? 5년 사이에 새로 좋 아하게 된 것도 분명 있을 거예요. 좋아하고 흥미 있 는 것은 성장하면서 변하고, 그에 따라 하고 싶은 일 이나 꿈도 변합니다. 어릴 적 꿈을 변함없이 가지고

가는 게 멋지다고 생각하는 사람도 있을지 모르지만 꿈이 변하는 것은 당연한 일이고, 꿈이나 하고 싶은 일이 자꾸 바뀌어도 괜찮답니다.

'부모님이 축구를 좋아해서 함께하다 보니 축구 선수 가 되고 싶다는 생각을 하게 됐다.' '학교 미술 수업 시간에 선생님이 잘 그린다고 칭찬해 주셔서 만화가 가 되고 싶다고 생각했다.' 하고 싶은 일이나 꿈의 시 작은 우연히, 주위의 영향을 받는 경우가 많아요.

16 세

영화를 찍고 싶다!

동네에서 영화 촬영이 있다고 해서 보러 갔습니다. 거기서 일하는 사람들이 멋져 보여서 영화와 관련된 일을 하고 싶다고 생각하게 됐습니다.

? 세

나는 어떤 꿈을 만나게 될까?

?

?

천직이란?

오래 계속해도 즐겁다고 생각되는 일, 그것을 그 사람의 '천직'이라고 합니다. 천직은 영어로 'calling(부름)'이라고 하는데, 신의 계시에 따라 그 직업으로 인도됐다는 의미일 것입니다. 자신을 들여다보며 좋아하고 하고 싶은 일을 생각하는 것뿐만 아니라 우연한 계기도 필요하다는 것이겠지요. 천직은 여러분이 모르는 곳에서 여러분과의 만남을 기다리고 있을지도 모릅니다.

하고 싶은 일이 있는 사람도, 하고 싶은 일을 아직 발견하지 못한 사람도 우연을 자꾸자꾸 경험했으면 좋겠어요. 부모님이나 선생님에게 추천받은 책을 읽어 보거나 친구들이 추천한 행사에 가 보면서 좋아하고 흥미 있는 일뿐만 아니라 **여러 일에도 호기심을 갖고 한 걸음 내디뎌 봅시다.** 새로운 꿈이나 하고 싶은 일을 발견하게 될지도 몰라요.

꿈이나 하고 싶은 일을 찾았다면 그것을 실현하기 위해 노력해 봐요. 중간에 다른 꿈을 발견했다면 그때는 그 꿈을 위해 다시 노력하면 돼요. **꿈을 위해 노력한 경험은 훌륭한 재산이 돼 인생에 쌓입니다.** 꿈은 실현하지 못한다고 의미 없어지는 게 아니에요. 인생을 풍요롭게 만드는 영양분이 된답니다. 여러분의 미래는 아직 정해져 있지 않아요. 그러니 한 가지 꿈에 매달리지 말고 더 많은 꿈을 발견해 보세요.

꿈의 시작점은 여섯 살 때 가족 여행으로 간 멕시코에서 만난 여자아이였습니다. 그 아이는 쓰레기가 잔뜩 널린 길을 맨발로 걸어 다니며 구걸하고 있었습니다. 그런 아이들이 눈동자를 반짝반짝 빛내며 살아갈 수 있는 사회를 만들고 싶다는 마음으로 현재 회사에 취직했습니다.

— NGO 단체 직원(30세)

저는 예전부터 할머니를 잘 따르는 아이였습니다. 복지의 길을 걷고 있는 제 꿈은 '내가 정말 좋아하는 할머니를 계속 돌봐드리는 것'입니다. 친할머니는 돌아가셨지만 지금 제게는 60명의 할머니가 계십니다. 할머니가 어린 저에게 주셨던 즐거운 시간에 보답하는 길이 지금의 일이라고 생각합니다.

— 사회복지사(27세)

취직하고 2년 정도 지났을 때 우리 반 세 살짜리 여자아이가 "어른이 되면 선생님처럼 선생님이 되고 싶어요"라고 말했습니다. 그 한마디가 제게 꿈을 만들어 줬습니다. 제 꿈은 아이들이 '되고 싶다'고 말한 선생님이 되는 것입니다.

— 보육 교사(27세)

학창 시절 아르바이트를 할 때 제대로 정비하지 않아 고장이 난 차를 만났습니다. 그런 차를 고쳐 보고 싶어서 정비사라는 꿈을 갖게 됐습니다.

— 자동차 정비사(24세)

많은 독자에게 특집 기사에 대한 아이디어를 받고 '이 잡지를 읽고 누군가가 조금이라도 기뻐해 준다면 나도 기쁠 것 같다'라는 생각을 하게 됐습니다. 그것이 7년 동안 일하며 마침내 보이기 시작한 꿈입니다.

— 잡지 편집자(35세)

안전을 생각한 무농약 재배 커피콩이 공정하게 거래되고 있지 않다는 사실을 알았을 때입니다. 좋은 커피콩을 생산하는 생산자를 존중하고 싶다는 생각에 스물네 살에 친구와 함께 정당한 대가를 보장하는 회사를 만들었습니다.

— 바리스타(32세)

아버지의 꿈은 '아들과 옆집에 가게를 나란히 열어서 함께 일하는 것'입니다. 같은 이발사인 아버지의 꿈을 알고 나니 일을 대하는 방식이 변했습니다. 아버지와 가족을 위해서 힘을 내야겠다는 생각이 들었습니다. 지금은 아버지의 꿈이 제 꿈이기도 합니다.

— 이발사(22세)

제 **4** 장

취업하면 해피엔딩일까?
언젠가 우리가 마주하게 될 '일'

행복하게 사는
사람에게 있는 것

이 5일 동안 일하며 서점에서 하는 일이 정말 많다는 것을 알았다.

어서 오세요~

11월 16일

가쿠분칸 서점에서의 직장 체험이 오늘로 5일째. 마지막 날이다.

← 오른쪽에서 왼쪽으로 읽어 주세요.

매일 대량으로 들어오는 책의 포장을 뜯고

신간은 평대에 두고 구간은 책장에 꽂고

다른 서점에서는 어떤 책이 인기 있는지 조사하고

책이 잘 팔리도록 입체 광고판을 만들고

책을 찾는 손님을 도와주기도 하고

네, 안내해 드리겠습니다.

혹시 오늘 신문에 실린 책이 있을까?

이쪽에 있습니다.

아! 여기 있네!

그 외에도 많은 일이 있어서 내가 이때까지 손님으로 무심하게 이용하던 서점이 일하는 사람들의 노력으로 이루어져 있음을 깨달았다.

일은 힘들지만

고마워요. 어린 친구가 대견하네.

감사합니다!

꾸벅

사람들에게 도움이 되면 기뻐서 더 열심히 하게 된다.

126

네-!!!

찰칵

다들 수고했어. 오후에도 잘 부탁해!

이분은 사와다 점장님이다.
처음 일하는 우리에게 말을 걸어 주시며 긴장을 풀어 준 친절한 분이다.

같이 먹어도 될까?

웃차

꽤 힘들었어요 ….

오늘이 마지막 날이구나. 서점에서 일하는 건 어땠어?

하하하! 솔직해서 좋네! 우리 일만 그런 게 아니고, 일한다는 건 힘든 거야.

그곳 점장님이 굉장히 좋은 분이었어. 나를 잘 가르쳐 주시면서 여러 가지 일을 맡겨 주셨지.

우리 서점의 다른 지점 이었는데

가쿠분칸 서점

책

또 기대도 해 주시니까 기뻐서 더 힘을 냈고

그러다 보니 다른 동료들의 신뢰도 얻게 돼서

점점 서점 일에 빠져들었어.

만화가의 사인회가 열려 나도 돕게 됐는데…

아르바이트를 시작하고 반년 정도 지난 어느 날

그때 작가님이

"제 책을 팔아 주셔서 감사합니다. 마음을 담아 그렸는데 널리 알려 주셔서 기뻐요"라고 말씀해 주셨어.

그 순간 깨달았지.

그동안 나는 이 일의 '책을 판다'라는 겉으로 나타나는 부분만 보고 있었거든.

그런데 한 권의 책이 만들어지기까지 만든 사람들의 노력이 있었고, 나는 그 사람들의 정성을 알리는 역할을 담당했던 거야. 굉장히 중요한 일이었던 거지.

133

~라고 중학생을 상대로 뜨겁게 말하고 있는 나란 사람!

부끄럽네

점장님의 이야기는 내 마음에 깊이 울렸다.

점장님처럼 나도 행복하게 일하고 있다고 말할 수 있는 어른이 되고 싶다.

일하느라 고생했어! 다음 부분이 완성됐어. —이모

그날, 집에 돌아왔더니 책의 다음 부분이 완성돼 있었다.

단 5일 동안의 직장 체험이었지만 점장님과의 만남은 내 기억에 평생 남을 것 같다.

돈이 많으면 행복할까?

행복하게 일하고 행복하게 살려면 무엇이 필요할까요? 가장 먼저 떠오르는 건 돈일지도 모르겠네요. 일을 해서 많은 돈을 벌 수 있다는 건 기쁜 일이죠. 돈이 있으면 원하는 걸 많이 살 수 있으니 행복을 느낄 수 있을 거예요. 그런데 의외로 **돈이 많다고 행복 지수가 높아지지는 않는다**고 합니다.

한 일간지의 행복도 조사에 따르면 연봉이 2,300만 원인 사람과 4,600만 원인 사람의 행복도는 거의 차이가 없다는 결과가 나왔습니다. 연봉이 2배가 된다고 행복이 2배가 되지는 않아요. 돈을 많이 버는 사람은 일이 바빠지는 경향이 있어요. 일에 소비하는 시간이 많고 가족과 함께 지내는 시간이나 취미에 쓰는 시간이 줄어들어서 이런 결과가 나온 것 같네요.

연봉

4,000만 원

A 씨

좋아, 오늘은 여기까지!

일적으로는…

무역 회사에서 회계와 사무를 보고 있습니다. 근무 시간은 오전 9시부터 오후 6시까지. 월말에는 바쁘지만 평소에 야근은 많지 않습니다.

좋은 아침!

언제나 활력이 넘치시네요

사적으로는…

아내와 초등학생 아들이 있습니다. 쉬는 날에는 가까운 쇼핑몰에 가거나 소풍을 하며 시간을 보내고 있습니다.

네!
30분
안으로!

연봉
8,000만 원

B 씨

어느 쪽이 행복한가?

A 씨의 경우 수입은 그리 많지 않지만 야근이 적고 휴가도 확실하게 얻을 수 있습니다. 한편 B 씨는 수입이 많고 아이들 과외비나 가족 여행에 돈을 쓸 여유가 있지만 가족과 보내는 시간을 별로 내지 못합니다. 어느 쪽이 좋고 나쁜지를 판단할 수는 없지만 수입이 많은 만큼 행복 지수가 더 높아진다고는 할 수 없겠습니다.

일적으로는…

IT 관련 회사의 부장입니다. 야근이 많고 밤늦게 집에 들어갑니다. 휴일에 출근하는 일도 잦아서 피곤이 약간 쌓여 있습니다.

아내와 초등학생 딸 둘이 있습니다. 딸들에게는 피아노를 가르치고 있습니다. 매년 설날 연휴에 해외여행을 다녀오지만 평소에는 가족을 위한 시간을 내기가 어려워 고민입니다.

사적으로는…

연간 소득이 얼마 정도 되면 행복할 것 같습니까?

연간 소득	퍼센트(%)
600만 원 미만	3.1
600~1,100만 원 미만	2.6
1,100~2,300만 원 미만	4.4
2,300~3,400만 원 미만	11.1
3,400~4,600만 원 미만	12.2
4,600~5,700만 원 미만	11.3
5,700~6,900만 원 미만	11.4
6,900~8,000만 원 미만	7.9
8,000~9,100만 원 미만	4.2
9,100~1억 300만 원 미만	9.8
1억 300~1억 1,400만 원 미만	4.4
1억 1,400만 원 이상	7.7
소득과 행복은 관계없다	7.7
모르겠다	2.0
합계	100.0

※조선일보·한국갤럽·Global Market Insite,
Inc., 「조선일보 행복도 조사: 한국」(2010년)

아르바이트의 어원

일찍이 독일에서는 일을 '베루프(Beruf, 천직)'와 '아르바이트(Arbeit, 노동)' 두 가지로 나눴습니다. 베루프는 평생에 걸쳐서 달성해야 하는 일, 아르바이트는 돈을 벌기 위해 마지못해 하는 일을 말합니다.

우리가 말하는 아르바이트도 어원인 독일어와 마찬가지로 생활비를 벌기 위한 일시적인 일이라는 이미지가 있습니다. 그러니 무언가 언짢은 일이 생기면 그만두고 다른 일을 찾고 싶다고 생각하게 되기도 합니다. 반면 자신이 하는 일을 베루프라고 생각하는 사람은 가능한 한 오래 그 일을 계속하고 싶다고 생각할 겁니다.

> 같은 벽돌 쌓기를 하고 있어도
> 사고방식과 자세는 다르다

생활을 행복하게 만드는 사고방식

위의 일러스트를 볼까요? 공사 현장에서 벽돌 쌓는 일을 하는 사람이 3명 있습니다. 오른쪽부터 한 사람씩 "무엇을 하고 있나요?"라고 물어봤습니다. 첫 번째 사람은 "보면 알잖아? 벽돌을 쌓고 있다고"라고 대답했어요. 두 번째 사람은 "벽돌을 쌓아서 돈을 벌고 있지"라고 했죠. 세 번째 사람은 "벽돌을 쌓아서 많은 사람이 기뻐할 교회를 짓고 있어"라고 대답했답니다. 이처럼 같은 벽돌 쌓기 일을 하고 있어도 일에 대한 생각은 서로 다릅니다.

첫 번째 사람은 벽돌 쌓기 일을 '시켜서 한다'는 의식이 강한 것 같아요. 벽돌 쌓기 일을 하고 싶다는 생각보다는 그저 일이니 하고 있을 뿐이라는 태도를 보입니다.

두 번째 사람은 어떤가요? '돈을 벌기 위해' 벽돌을 쌓고 있으니 돈을 벌 수 있는 다른 일이 있다면 그쪽으로 금방 갈 것 같네요. 일은 돈을 벌기 위한 것이라는 의식이 강한 사람입니다.

세 번째 사람의 경우는 어떤가요? 이 사람은 '사람들을 위해 교회를 짓는다'는 큰 목적이 있습니다. 사람들을 위한 일이 이 사람의 벽돌 쌓기에 커다란 동기가 된 거죠. 자신이 하는 일을 보람 있는 일이라고 느끼고 있는 듯합니다.

이 셋 중에 어떤 사고방식이 좋고 나쁜지 판단할 수는 없어요. 다만 벽돌을 쌓고 있는 시간, 즉 일하는 시간에 행복한 사람이 누구인지를 생각하면 마지막 사람인 것은 분명합니다. 그러니 **자신이 한 일이 누군가를 웃게 만든다는 상상을 하며 일할 수 있다면 좋겠지요.** 그런 사람은 자기 일을 자랑스럽게 생각하며 일할 겁니다.

꿈에 그리던 취업!
그다음은…?

세상에는 일을 잘해 빛나 보이는 사람이 있죠. 그런 사람이 되고 싶다며 동경하기도 하고요. 하지만 그렇게 멋져 보이는 사람도 처음부터 잘했던 건 아니에요. 누구나 처음에는 신입부터 시작해 조금씩 성장을 거듭하면서 그 일의 전문가가 됩니다.

일을 처음 시작한 무렵은 일을 익히는 시기예요. 처음 해 보는 일이 많아 쉽게 지치죠. 일이 순조롭게 진행되지 않아서 다른 사람과 비교하며 자기가 부족하다고 생각하는 일도 종종 있어요. 실수해서 선배에게 혼나는 일도 있고요. 즐거운 경험보다는 괴로운 경험이 압도적으로 많은 시기일지도 모릅니다.
3년 정도 지나 일이 어느 정도 익숙해지면 자기 방법으로 일할 수 있게 되고 지금까지 쌓은 경험이 자

식품 회사의 영업 사원인 C 씨.
자사 식품을 더 많은 가게에 들이기 위해
매일 분발합니다.

추천했던 상품이 잘 팔려서 전에 꾸중을 들었던 거래처 담당자님에게 칭찬을 받았습니다. 처음으로 일이 재미있다고 느꼈습니다.

처음에는 선배에게 배우면서 어떻게든 맡은 일을 소화해 냈습니다. 그러나 일의 전체 흐름을 스스로 파악하지는 못했습니다.

3년 차

1년 차

2년 차

담당 거래처가 생겼습니다. 발주 숫자를 틀려서 거래처 담당자님에게 꾸중을 들었습니다.

신감과 연결됩니다. 일의 즐거움을 느끼는 게 이즈음부터일지도 모르겠네요. 물론 실수나 실패를 겪고 좌절하는 경우도 있지만 다시 일어설 수 있을 만큼 정신적으로 강해지기도 해요.

일에 대한 의식이 크게 변하는 것은 성공을 경험했을 때랍니다. 자기가 한 일이 성공해서 다른 사람들에게 칭찬을 받거나 사람들이 좋아하는 모습을 보면 기뻐서 일에 빠져들게 됩니다. **일을 처음 시작했**

을 땐 괴로웠는데 열심히 했더니 어느새 즐거워졌다는 사람도 세상에는 많답니다.

수많은 실패를 겪으면서도 제대로 돌아보고 주어진 일에 적극적으로 매진해 성과를 얻은 C 씨. 지금은 일하는 게 너무 즐겁습니다.

7년 차

새로운 거래처를 개척해 자사 상품을 많이 들였습니다. 회사에서 표창을 받아 정말 기뻤습니다. 앞으로 더 열심히 하겠다고 마음먹었습니다.

담당 지역의 매상이 올라 좋은 평가를 받고 더 큰 일을 맡게 됐습니다. 의욕이 더욱 솟아납니다.

6년 차

신상품 입하 날짜를 잘못 전달해서 많은 거래처에 폐를 끼쳤습니다. 엄청나게 좌절했습니다.

5년 차

지금까지의 실수를 돌이켜 보고 왜 실패했는지를 파악했습니다. 일에서 중요한 부분을 점점 이해하고, 일하는 속도도 붙었습니다. 후배도 생기고 자신감도 붙기 시작했습니다.

4년 차

요양 시설에서 일하는 요양보호사 D 씨. 처음에는 식사나 목욕을 도울 때 환자에게 혼나는 일이 있었습니다. 그래서 환자의 이야기에 귀를 기울였더니 점차 그들이 원하는 것을 알고 적절한 간호를 할 수 있게 됐습니다. 인내심을 갖고 차분하게 의사소통한 덕분에 일이 잘 돌아가게 됐습니다.

이런 인내라면 괜찮아!
- 자신의 성장으로 연결시키기 위한 인내
- 무언가를 완수하기 위한 인내

D 씨의 경우

좋은 인내와 나쁜 인내

일을 시작한 지 얼마 안 된 무렵에는 잘 안 되는 일이 많습니다. 그러니 잘하고 싶다면 기술이나 전문적인 지식을 습득할 필요가 있어요. 현장에서 실패를 거듭하며 다양한 경험을 쌓을 필요도 있지요. 생각처럼 잘 해내지 못해도 어느 정도 참고 일을 계속해야 합니다. **인내는 한 사람이 성장하는 데 꼭 필요한 요소예요.**

그 일의 재미와 보람을 경험하기 위해서 최소한으로 해야만 하는 인내가 '좋은 인내'예요. 좋은 인내를 어느 정도 해야 하는지는 사람마다 또는 일에 따라 달라집니다. 좋은 인내를 하면서 경험을 하나하나 쌓아가면 언젠가는 자신이 마음에 그려 왔던 대로 일할 수 있게 된답니다.

반면 할 필요가 없는 '나쁜 인내'도 있습니다. 몇 년이나 일했는데도 보람을 찾을 수 없거나 자신의 사

나쁜 인내

가전제품 매장에서 판매원으로 일하는 E 씨는 매우 엄격한 판매 할당량에 쫓겨 매일 몇 시간씩 야근하고 있습니다. 할당량을 달성하지 못하면 상사에게 심한 말을 듣는 일도 종종 있습니다. 어떻게든 분발하려고 노력하지만 몸도 마음도 지쳤습니다.

E 씨의 경우

이런 인내라면 안 해도 돼!

● 정신적, 육체적으로 괴롭기만 한 인내
● 하고 싶지 않은 일, 사회적으로 좋지 않은 일을 누군가가 억지로 시켜서 하는 인내

고방식이나 가치관과 맞지 않는 사람이 주위에 많아 괴롭다면 무리해서 그곳에 계속 있을 필요가 없어요. 또한 노동 시간이 길거나 노동 환경이 나빠 심신이 힘들다면 바로 그곳에서 탈출해야 합니다.

성실한 사람일수록 나쁜 인내로 건강을 해치는 경향이 있습니다. 일을 하면서 괴롭다면 그 인내가 미래로 이어지는 좋은 인내인지, 아니면 자신을 괴롭게만 하는 나쁜 인내인지를 스스로 물어봅시다.

블랙 기업이란?

직원을 지나치게 오랜 시간 일하게 하거나 혹독한 할당량을 부담하게 하고, 야근 수당을 주지 않고, 강압적인 태도로 대하고, 인격을 무시하는 발언을 한다….

이러한 특징이 있는 기업을 '블랙 기업'이라고 합니다. 블랙 기업에서 근무하면 심신을 앓다가 나중에 후유증으로 고생하기도 합니다. 만약 이런 직장에 취직했다면 바로 그만두거나 고용노동부 상담센터 등에서 상담을 받아야 합니다.

뭐든지 잘되는
사람의 특징

어떤 일이든 잘하는 사람은 매력적이며, 존경할 수 있는 점이 있죠. 여기에서는 어떤 성격을 가진 사람이 잘되는지, 반대로 어떤 성격이 잘 안되는지 일반적인 예를 들어 볼까 합니다. 나쁜 예에 해당하지 않도록 조심하자고요!

잘된다 책임감을 갖고 일한다

주의 일과 책임을 남에게 돌린다

자기 일을 남에게 맡기거나 실수를 남의 책임으로 돌리는 사람은 안되는 사람에 속합니다. 자기 일에 책임감을 가지며 실수를 제대로 인정하는 것, 그것이 바른 자세입니다.

잘된다 의욕적으로 열심히 일한다

주의 의욕이 없다

의욕이 있어 계속해서 배우는 사람은 성장할 수 있습니다. 의욕이 없는 사람은 성공하기 힘듭니다.

잘된다 잘 생각하고 행동한다

주의 생각 없이 닥치는 대로 행동한다

생각 없이 행동하면 많은 사람에게 폐를 끼치게 됩니다. 일에서 성공하는 사람은 잘 생각한 다음 가능한 한 빠르게 결단을 내립니다.

잘 풀리지 않는다고 질질 끌지 않는다

주의 **우물쭈물 계속한다**

잘 풀리지 않아도 '케세라세라(될 대로 돼라)' 정신으로 질질 끌지 않는 게 중요합니다. 인간관계에 대한 고민도 '나랑 맞지 않는 사람도 있는 거지'라며 털어 버리는 것이 잘 사는 방법입니다.

잘된다 **다른 사람을 배려한다**

주의 **나만 좋으면 된다**

일은 자기 혼자 할 수 있는 게 아닙니다. 함께 일하는 동료들이 어떻게 해야 일하기 편한지 생각할 수 있는 사람은 힘든 일을 겪을 때 도움의 손길을 받을 수 있습니다.

잘된다 **잘 못하는 일은 도움을 구한다**

주의 **완벽한 인간이 되려고 한다**

완벽주의자들은 남에게 잘 의지하지 못하는 경향이 있습니다. 모든 것을 스스로 다 하지 못해도 괜찮습니다. 서투른 일이나 혼자서 어떻게 할 도리가 없는 일은 다른 사람에게 부탁해 봅시다.

잘된다 **겸손하며 감사를 잊지 않는다**

주의 **거만해서 성공하면 우쭐한다**

'벼는 익을수록 고개를 숙인다'라는 속담처럼 성공을 거두는 사람일수록 겸손하며 감사를 잊지 않습니다. 성공하고 나서 태도가 나빠지는 사람은 일이 잘 안되면 주변에 사람이 없어집니다.

좋은 우연을 만드는 다섯 가지 방법 ①

지금부터는 일이 잘되는 사람의 특징을 조금 더 자세히 다루어 볼까 합니다.

'몇 살에 이 직장에 들어가서 몇 살에 결혼하고…'와 같이 일과 인생의 계획을 세우는 것을 '커리어 플랜'이라고 해요. 커리어 플랜을 세워 그대로 되게 만드는 게 중요하다고 생각하는 사람도 있을 거예요. 그러나 인생은 우연의 연속이고 그에 따라 많은 것이 변합니다. **수 년 뒤에 일어날 일들을 상상하며 세운 커리어 플랜을 그대로 실현할 수 있는 사람은 별로 없습니다.**

20세기 말 미국 스탠퍼드 대학의 존 크럼볼츠 교수는 "개인 커리어의 80%는

호기심이 있다

존 크럼볼츠
스탠퍼드 대학 교수

호기심이 있는 사람은 다양한 것에 흥미를 가집니다. 그리고 마음에 걸리는 일이 생겼다면 그 감정에 솔직해지는 것이 중요합니다. 새로운 것을 경험하고자 하면 새로운 만남의 기회도 생길 것입니다.

크럼볼츠 교수가 제시한 좋은 우연을 만드는 다섯 가지 행동 요소를 염두에 두고 행동하면 많은 일이 잘 진행될 것입니다. '커리어 플랜대로 되는 인생은 없다!'라는 점을 알아 두면 우연한 만남이 얼마나 중요한지를 이해할 수 있습니다.

예기치 못한 우연으로 정해진다"라며 '계획된 우연' 이론을 발표했습니다. 이 이론을 아주 간단하게 말하면 **좋은 생활 방식과 일하는 방식을 가진 사람은 좋은 우연을 자기 힘으로 거머쥘 수 있다**는 거예요. 크럼볼츠 교수는 그런 사람이 되려면 다섯 가지 중요한 행동 요소가 필요하다고 설명합니다.

첫 번째는 호기심입니다. 새로운 것을 기대하는 자세, 새로운 것에 뛰어들려는 자세를 가지고 다양한 일에 흥미를 느낀다면 인생을 좋은 방향으로 바꿀 기회도 잡을 수 있습니다.

두 번째는 지속성입니다. 호기심이 있다고 해도 여기저기 손만 대고 포기하면 의미가 없습니다. 끝까지 해내야 그것이 자신에게 의미 있는 일이었는지 아닌지를 확실히 알 수 있습니다.

세 번째는 유연성입니다. 과도하게 집착하지 않고 다른 사람의 의견이나 새로운 시점을 적극적으로 받아들이며 변화하고자 하는 태도입니다. 융통성을 갖춘다면 지금까지 하지 못했던 경험을 할 수 있게 됩니다.

지속성이 있다

어떤 일을 인내심을 갖고 계속하다 보면 처음에 경험했을 때와는 다른 견해나 사고법이 생깁니다. 인내심이 없으면 어느 것도 성공하지 못합니다.

유연성이 있다

타인의 의견이나 새로운 정보를 받아들이면 자신에게는 없는 시점을 배울 수 있습니다. 물론 자신의 생각을 무조건 부정해야 하는 것은 아닙니다. 다른 관점으로 세상을 볼 수 있게 되면 자신의 세계는 점점 넓어질 것입니다.

낙관성이 있다

어떤 도전에도 불안은 따릅니다. 꼼꼼하게 잘 준비하고 열심히 노력하면 어떻게든 될 거라는 긍정적인 마음으로 하고 싶은 일을 시도해 봅시다.

좋은 우연을 만드는 다섯 가지 방법 ②

남은 두 가지는 '도전'과 연관된 특징입니다. **네 번째는 낙관성입니다.** 새로운 도전을 할 때나 도전을 계속해도 결과가 나오지 않을 때 우리는 불안을 느끼게 되죠. 이 불안에 눌려 무너지지 않고 '괜찮아!'라며 긍정적인 태도를 보이는 것이 어려

모험심이 있다

도전할 때는 결과를 예측하기 어렵거나 위험할 수도 있습니다. 위험이 전혀 없는 도전이란 없습니다. 자신이 좋아하고 재미있어하는 것들을 소중하게 여기며 한 걸음 내디뎌 봅시다.

운 도전을 성공으로 인도하는 열쇠가 된답니다.

다섯 번째는 모험심입니다. 모처럼 흥미를 느끼게 된 일도 시작하지 않으면 의미가 없어요. 한 걸음 내딛는 마음이 모험심입니다. 도전 결과를 알 수 없어도, 위험성이 있다 해도 해 보고 싶다면 행동해 봅시다. 성공의 반대말은 실패가 아니라 도전하지 않는 거예요. 한 걸음 내디딘 것과 내딛지 않은 것은 엄청나게 큰 차이를 만듭니다.

이 다섯 가지 요소는 이미 일하고 있는 사람은 물론이고 꿈이나 하고 싶은 일을 찾고 있는 청소년들에게 매우 중요합니다. 매사에 호기심을 갖고 행동하며, 흥미를 강하게 느끼는

일은 인내심을 갖고 시도해 봅시다. '주변 사람들의 의견을 듣고 때에 따라서는 내 생각도 바꿀 수 있는 유연성을 갖춰야지.' '좀처럼 답이 나오지 않는 불안한 미래도 긍정적인 마음으로 대해야지.' '과감하게 모험심을 갖고 위험을 무릅쓰고 도전해 보는 거야!' 그렇게 하겠다고 마음먹고 행동한다면 여러분은 멋진 우연과 한편이 될 거예요. 반드시 기억해 둡시다.

다섯 가지 특징은 서로 연결돼 있습니다. 성공한 사람일수록 운이 좋았다고 말하지만 실은 이 다섯 가지 태도를 가졌기 때문에 좋은 우연을 잡았던 것일지도 모릅니다.

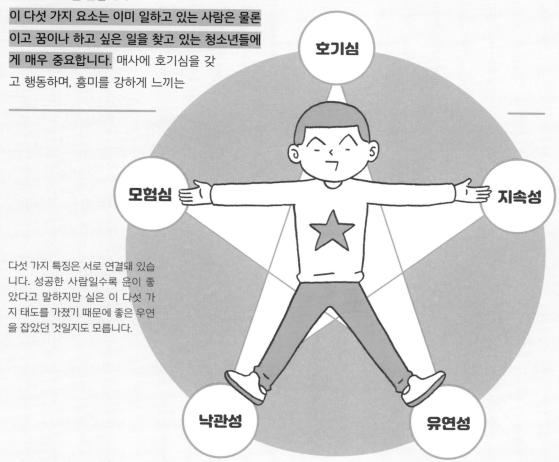

성공하면 행복해질까?

지금까지 일이 잘되는 사람의 성격과 행동 특징을 정리해 봤습니다. 일이 잘되면 사는 게 점점 즐거워지기 마련이죠. 여기에서 주의해야 할 점은 성공에 너무 집착하지 않는 거예요. '성공하고 싶다' '인정받고 싶다' '존경받고 싶다' 같은 욕구는 끝이 없기 때문입니다. 사람들에게 인정받고 싶고 좋은 말을 듣고 싶은 마음을 '인정 욕구'라고 하는데요, 이 욕구는 모든 사람이 가지고 있답니다. 인정 욕구는 사람을 움직이게 만들어 성공으로 인도하는 큰 원동력이 되기도 하지만 사람의 마음을 괴롭게 하는 성가신 것이기도 해요.

'더 큰 성공을 거두고 싶어' '모두에게 더 칭찬받고 싶어' 등 '조금 더!'를 원하는 마음은 불안이나 불만을 느끼는 원인이 돼요. 자신과 동료를 비교해 '나는 안 돼'라며 의기소침해하거나 '왜 나를 조금 더 잘 평가해 주지 않는 거지?'라며 조바심을 내게 하죠. 그런 식으로 스트레스를 모으는 사람이 세상에는 많이 있습니다. 다른 사람과 비교하고, 다른 사람에게 어떻게 보일지를 신경 쓰며 일하는 것은 행복하게 일하는 방식이라고 할 수 없어요.

현재에 집중하기

성공도, 다른 사람에게 인정받는 것도 마지막에 있는 것입니다. 과도하게 의식하지 말고 현재를 자유롭게 살아갑시다.

성공도 실패도 다음 단계를 위한 힌트

"나는 실패한 적이 없다. 그저 1만 가지의 안 되는 방법을 발견했을 뿐이다." 발명왕 에디슨의 말입니다. 한 번 실패했다면 다음에 또 노력하면 됩니다. 성공이나 실패에 과도하게 집착하지 맙시다.

다른 사람과 비교하지 않고, 다른 사람에게 어떻게 보일지 너무 신경 쓰지 않고, 지금 내가 할 수 있는 일에 최선을 다하는 자세로 모든 일에 임하는 사람은 성공에 집착하거나 얽매이지 않고 일할 수 있어요. 마음을 편하게 유지할 수도 있죠. '조금 더!'를 요구하는 게 아니라 지금 자신이 가진 것을 돌아보고 그것에 감사하면서 일하는 거예요. 그런 마음가짐으로 매일을 살 수 있다면 일에서도 인생에서도 행복

을 느낄 수 있지 않을까요? 성공을 좇는다고 행복해지지 않아요. 행복은 항상 자신의 곁에 있음을 깨달아야 합니다.

주변에서 만족을 발견한다

사람은 아주 작은 것에서도 만족을 얻을 수 있습니다. 날마다 감사하며 살면 행복한 마음을 가질 수 있습니다.

'성공'과 '행복'은 다르다

연봉이 높고 좋은 집에 살며 세상에서 일반적으로 생각하는 성공을 이루었지만 마음이 채워지지는 않는다고 느끼는 사람도 있습니다. 행복의 기준은 사람마다 다릅니다. 여러분의 행복은 누군가가 정해 주는 게 아닙니다. 나에게 있어 행복한 삶의 방식과 일하는 방식은 어떤 것인지 잘 생각해 봅시다.

내 삶의 방식은
내가 정하는 것!

아이폰을 세상에 선보인 애플 창업자 스티브 잡스는 이런 연설을 했습니다. "나는 매일 아침마다 거울에 비친 나에게 묻습니다. '만약 오늘이 인생의 마지막 날이라면, 오늘 하려고 했던 일을 할 것인가?' '아니'라고 대답하는 날이 며칠이고 계속되면 변화의 시점이 찾아왔다는 걸 깨닫습니다."
언젠가 생명이 다하는 인간에게 시간을 쓰는 것과 생명을 쓰는 것은 같은 의미입니다. 스티브 잡스의 연설은 자기 마음이 하고 싶은 것을 솔직하게 따르는 일의 중요성을 알려 줍니다.
가족과 보내는 시간을 소중하게 여기고 싶은데 매일 야근한다면? 사실은 해 보고 싶은 일이 더 있는데 도

전하지 않고 있다면? 현재를 바꾸고 싶다면 바로 행동해야 합니다. 자신의 행동으로 누군가에게 폐를 끼칠 수도 있을 거예요. 하지만 그런 건 신경 쓰지 않아도 돼요. **내 인생의 주인공은 나 자신이며, 사는 방식을 결정할 권리는 나 자신에게 있습니다.** 인생은 한 번뿐! 각오를 다지고 스스로 납득할 만큼 열심히 살고 충실하게 일하는 것. 그것이 무엇보다 행복한 삶이라고 생각해요. 만약 어떻게 살아야 할지 고민이 된다면 스티브 잡스의 연설을 기억하세요.

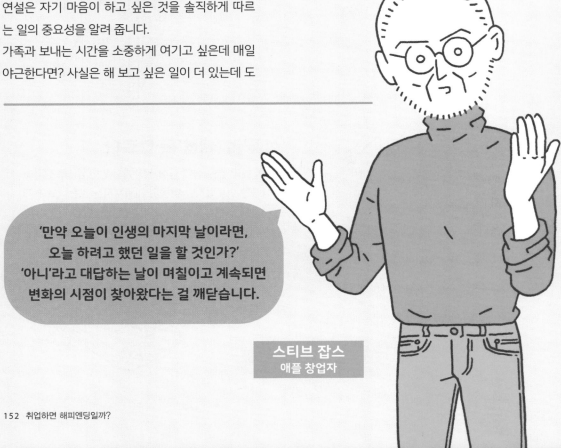

'만약 오늘이 인생의 마지막 날이라면,
오늘 하려고 했던 일을 할 것인가?'
'아니'라고 대답하는 날이 며칠이고 계속되면
변화의 시점이 찾아왔다는 걸 깨닫습니다.

스티브 잡스
애플 창업자

딸의 성장을 가족과 함께 지켜보고 싶다

우리 부부에게 딸은 가장 소중한 존재입니다. 내년에 초등학생이 되는 딸이 하루하루 성장하는 모습을 다 같이 지켜보며 기뻐하고 있습니다. 그런데 얼마 전 회사에서 다른 지역으로 전근 가라는 이야기가 나왔습니다. 전근 가면 승진할 수 있다고 했지만, 고민 끝에 거절했습니다. 가족과 함께 보내는 시간, 딸과 추억을 만들 기회를 갖는 게 일보다 중요하다고 생각했기 때문입니다. 이 결정이 맞는지는 모르겠지만 우리 부부에게는 행복한 결정이라고 생각합니다.

영업 성적을 올려서 성장을 보여 준다

제가 일을 열심히 하는 이유는 우리 영업부에 제 실력을 보여 주기 위해서입니다. 선배님들도 도와주셔서 더더욱 성과를 내고 싶습니다. 아직은 부족할지 모르지만 그런 마음으로 일하고 있기에 하루하루가 알차고 행복합니다.

만화가가 되고 싶다

대학 졸업 후 대기업에서 5년 동안 근무하다가 그만뒀습니다. 보람이 없었던 건 아닌데 이렇게 사는 건 좀 아니라는 생각이 들었습니다. 사실 고등학생 때부터 일러스트 투고 사이트에 일러스트나 만화를 올렸고, 회사에 다니면서도 작업을 계속했습니다. 저는 그림이나 만화를 그리고 있을 때 가장 행복합니다. 지금은 출판사와 만화 작업을 합니다. 생활에 불안이 없지는 않지만 이 길을 선택한 것에 후회는 없습니다.

"맛있어요!"라는 손님의 말에 뿌듯함을 느끼는 제 마음 때문입니다. 사랑하는 가족을 위해, 우리 곤약을 사랑해 주는 손님을 위해, 사는 동안 맛있는 곤약을 계속해서 만들고 싶습니다.

— 곤약 가게 사장(45세)

일 때문에 모든 것을 다 던져 버리고 싶을 때도 있었습니다. 그런데도 이 일을 그만두지 않는 것은 듣지 못하는 사람들을 배신할 수 없기 때문입니다. 저를 신뢰하고 필요로 하는 사람들이 있기 때문에 듣지 못하는 사람들과 함께 살아가는 수어 통역사로 있고 싶습니다.

— 수어 통역사(44세)

현재를 살고 있다는 증거를 남기고 싶어서 열심히 일합니다. 사람들에게 도움이 되고 싶다고 생각하며 일하다 보면 언젠가는 세상에 내가 살았던 발자취가 확실하게 남을 거라고 생각합니다.

— 약사(37세)

일하는 아빠가 제일 멋있다며 힘내라고 응원해 주는 딸 때문입니다. 앞으로도 열심히 일하는 모습을 보여 주고 싶습니다.

— 낙농업자(35세)

은퇴를 생각한 적도 있었습니다. 그러나 제가 만든 음식이 매진되고 맛있다는 말을 듣고 있기에 아직은 그만둘 수 없습니다. 앞으로도 학생들이 좋아할 만한 맛있는 음식을 만들 것입니다.

— 학생 식당 조리사(65세)

지금의 괴로움과 행복을 포함해 현재의 저를 만든 것이 이 일입니다. 그러니 힘을 내서 할 수 있습니다. 사이렌 소리를 들을 때마다 더 열심히 해야겠다고 생각합니다.

— 소방관(26세)

단순히 말하자면 두근거림을 느낄 수 있어서 열심히 일합니다. 제가 생각하고 기획한 것이 TV에서 방영될지도 모른다고 생각하면 굉장히 신나고 즐겁습니다.

— 방송국 AD(23세)

제 꿈은 선대부터 전해 내려온 기술과 제가 가진 기술을 합쳐서 아들에게 전수하는 것입니다. 그리고 많은 사람에게 쪽 염색의 매력을 알리는 것입니다. 이 두 가지의 꿈이 최선을 다해 일하는 가장 큰 이유입니다.

— 쪽 염색 장인(59세)

제 5 장

10년 후에는
어떤 직업이 남아 있을까?

어른들도 모르는 미래의 '일'

5화

인생을 후회 없이
산다는 것

동아리 활동을 끝내고 돌아와 나, 엄마, 외할머니 셋이서 초밥을 먹으러 나갔다.

← 오른쪽에서 왼쪽으로 읽어 주세요.

이모는 작업이 한창 잘되는 중이라 우리에게 포장을 부탁하고 집에서 일하는 중이다.

어서 오세요. 몇 분이신가요?

158

역시 중학생이네. 스무 접시나 먹다니.

잘 먹었다~!

오늘도 동아리 활동 열심히 하고 온 거잖아?

배고팠을 거야~

엄청 뛰었다고요.

맞다!

나, 새로운 거 배우려고 해.

공부도 열심히 해야 해! 시험 얼마 안 남았으니까.

알고 있다고요.

호호호!

160

시도 쓰고 가끔 등산도 하면서요?

건강하시네요

어떤 거 배우시려고요?

아니, 전혀 없어! 65세에 첫 도전!

응? 엄마 피아노 쳐 본 적 있었던가요?

피아노를 배워 보려고.

얼마 전에 인터넷 기사를 봤는데….

갑자기 왜요?

좋은 생각이에요! 외할머니 화이팅!

맞아요, 나도 좋다고 생각해요.

능숙하게 잘 치진 못하더라도 조금이나마 칠 수 있게 되면 즐겁잖아?

게다가 '어떤 일을 시작하는 데 너무 늦은 건 없다'고 여러 사람이 말하잖아.

지금은 의료 기술도 발달해서 100세 시대라고 하잖아요.

부—웅

부—웅

100년을 살 수 있다면…. 나는 앞으로 60년을 어떻게 살아야 할까?

시간이 흐르고 세상은 변한다. 모두 그 변화에 대응하면서, 여러 가지를 생각하며 살고 있다.

'내가 어른이 될 무렵에는 어떤 세상이 돼 있을까?' 그런 생각을 하게 되는 밤이었다.

가장 인기 있는 직업은?

세계 최대의 동영상 사이트 유튜브는 2005년 미국에서 정식 서비스를 시작했습니다. 한국에서도 인기가 많아져 유튜버로 먹고사는 사람들이 등장하기 시작했죠.

시대와 함께 세상이 변하면서 유튜버 같은 새로운 직업이 생기는 반면 시대에 맞지 않는 직업은 사라지는 운명에 놓였습니다. 어릴 적에는 인기 있는 직업이었지만 어른이 되고 나니 세상이 필요로 하지 않아 없어져 버리는 일이 생길지도 몰라요.

중학생들의 희망 직업이 어떻게 변했는지 2009년과 2019년 순위를 가져와 봤어요. 계속 인기 있는 직업이 있는가 하면 새롭게 등장한 직업도 있어요.

여러분이 어른이 될 때 즈음에는 지금은 상상도 할 수 없는 직업이 생길지도 모르겠네요. 시대의 변화를 보면서 세상이 필요로 하는 직업이 무엇이고 자기에게 맞는 직업이 무엇인지 시간을 두고 천천히 생각해 봅시다.

중학생 희망 직업 변화

구분	2009년	2019년
	직업명	직업명
1	교사	교사
2	의사	의사
3	경찰	경찰
4	공무원	운동선수
5	요리사	뷰티 디자이너
6	패션 디자이너	조리사(요리사)
7	가수	군인
8	유치원 교사	공무원
9	변호사	컴퓨터 공학자/소프트웨어 개발자
10	CEO	간호사
11	사업가	경영자/CEO
12	항공기 승무원	항공기 승무원
13	연예인	건축가/건축 디자이너
14	간호사	법률 전문가
15	건축가	가수
16	외교관	일러스트레이터
17	직업 군인	심리상담사/치료사
18	컴퓨터 프로그래머	작가
19	회사원	연주가/작곡가
20	운동선수	유치원 교사/보육 교사

※교육부·한국직업능력개발원, 「2019년 초·중등 진로교육 현황조사」

새로 생긴 직업

동영상 사이트 유튜브는 업로드한 동영상을 시청한 사람 수에 따라 수익을 얻는 구조로 돼 있습니다. 그중에는 연 몇억 원의 수익을 얻는 사람도 있습니다. 그러나 그런 사람은 아주 소수에 불과하며, 유튜버로만 생활하기는 쉽지 않습니다.

유튜버

지금까지 이런 먹방은 없었다!

뿌리 깊은 인기 직업

간호사는 언제나 '희망 직업'의 상위를 차지합니다. 사람을 돌보는 상냥한 이미지가 있는 데다가 자격을 얻는 과정이 확실하기도 해서 하고 싶다고 생각하는 사람이 많은 직업입니다. 자격이 있으면 취업에 어려움을 겪는 일은 별로 없어서 안정된 직업이라고 할 수 있습니다.

간호사

인기가 정착된 직업

게임 크리에이터

1990년대에도 컴퓨터 게임은 청소년 사이에서 무척 인기가 많았지만 게임 크리에이터라는 직업은 일반적으로 알려지지 않았습니다. 게임을 제작하는 사람들을 미디어에서 다루기도 하고 게임 제작 전문학교가 생기면서 게임 크리에이터는 동경하는 직업 중 하나가 됐습니다.

새로운 직업의 탄생

시대가 변하면서 우리 생활은 점점 편리해지고, 직업도 그에 따라 변하고 있습니다. 19세기까지 사람들은 이동 수단으로 마차를 이용했어요. 그런데 20세기로 들어오면서 자동차가 보급되고 택시 운전기사 같은 자동차를 운전하는 직업이 생겨났죠. 앞으로는 운전자가 조작할 필요가 없는 자율 주행 자동차가 보편화될지도 모르고, 상상도 할 수 없을 만큼 완전히 새로운 이동 수단이 개발될지도 모릅니다.

컴퓨터가 보급되기 전인 1970년대, 많은 회사에서는 자료를 분류하고 정리하는 작업이나 손으로 써서 발표 자료를 만드는 작업 등을 여러 사람이 분담해서 했어요. 그러나 컴퓨터가 등장하면서 자료 정리, 문서와 그래프 만들기 같은 작업을 혼자서도 할 수 있게 됐죠. 해야 할 일이 완전히 달라졌습니다.

인터넷이 등장하기 전에는 TV, 신문, 잡지 등에서 정보를 얻었습니다. 전화나 편지로 연락했고, 물건을 살 때는 가게로 직접 발걸음을 옮겼습니다. 지금은 인터넷을 통해 빠르고 손쉽게 정보를 얻어요. 메일이나 SNS로 연락을 간단하게 주고받죠. 스마트폰을 이용해 물건을 바로 살 수도 있어요. 이처럼 인터넷을 이용한 서비스는 점점 확대되고 있어 나날이 새로운 직업이 생기는 상황입니다.

우리의 생활은 기술의 진보에 따라 편리해집니다.

이로 인해 생기는 새로운 직업이 있는가 하면 없어지는 직업도 있어요. 세상은 그렇게 변해 가고 있습니다.

과거

마차가 이동 수단으로 쓰였습니다. 말을 키우고 길들일 필요가 있었습니다.

이동

현재

자동차가 보급됐습니다. 말을 키우고 길들이는 대신 자동차 운전 기술이 필요해졌습니다.

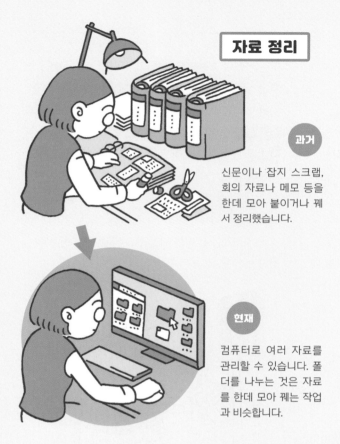

과거

신문이나 잡지 스크랩, 회의 자료나 메모 등을 한데 모아 붙이거나 꿰서 정리했습니다.

현재

컴퓨터로 여러 자료를 관리할 수 있습니다. 폴더를 나누는 것은 자료를 한데 모아 꿰는 작업과 비슷합니다.

사회와 기술의 진보

한국은 6.25 전쟁 이후 약 반세기 동안 '한강의 기적'이라 불리는 급격한 경제 성장을 이루어 냈습니다. 45달러였던 국민 소득을 2만 달러까지 끌어 올렸죠. 경공업과 중화학 공업이 발전하며 일자리도 늘어났어요. 그러나 현재는 '저성장 시대'라고 불리며 일자리 감소를 보이고 있지요.

과학 기술의 발전으로 일자리가 사라진다고 단순하게 생각할 수 있지만 그 이면에는 과제나 문제를 해결하려는 목적이 있습니다. '일손이 줄어들어도 생산력이 줄어들지 않게 하려면 어떻게 해야 할까?' '힘쓰는 일이 많은 노인 환자의 간호 현장을 도울 방법은 없을까?' 이러한 문제를 해소하기 위해 많은 기술자가 매일 도전하고 있습니다.

정보 수집

과거

TV나 잡지, 신문 등이 정보 수집의 중심이었습니다.

현재

스마트폰이나 컴퓨터를 이용한 인터넷 서핑이 정보 수집의 중심이 됐습니다. 쇼핑이나 연락도 스마트폰과 컴퓨터로 하게 됐습니다.

사회를 변화시키는 작은 배려

한국을 포함한 세계 각국은 경쟁하듯이 다양한 물건을 만들며 새로운 서비스를 선보이고 있어요. 덕분에 우리 생활도 예전에 비해 풍요롭고 편리해졌죠. 그런데 이로 인해 지구는 여러 가지 문제를 떠안게 됐습니다. 온난화 문제도 그중 하나입니다. 세계 여러 나라가 발전을 위해 석탄이나 석유를 에너지원으로 사용해 온실가스를 배출했습니다. 그것이 온난화로 이어져 지구 곳곳에서 기상 이변이나 해수면 상승이 일어나고 있어요. 그 밖에도 개발도상국의 아동 노동 문제와 식품 폐기 문제 등 우리의 활동으로 인해 생기는 문제가 많아요.

이와 같은 문제를 해결하기 위해 UN은 2015년 8월 '지속 가능한 개발 목표(Sustainable Development Goals, SDGs)'라는 보고서를 발표했고, 여기에 193개 가맹국이 합의했습니다. 간단하게 말하면 '2030년까지 이 세상을 조금 더 나은 곳으로 바꾸어 가자'라는 행동 지침으로 '단 한 사람도 소외되지 않을 것'이라는 이념을 제시한 거예요. 평화롭고 공평한 사회 실현을 목표로 세계가 하나의 방침을 공유한 거지요.

한국도 SDGs를 추진하기 위해 많은 노력을 하고 있어요. 국내 기업들도 행동하기 시작했고요. 기업은 고객에게 좋은 상품과 서비스를 제공할 뿐만 아니라 세상을 좋은 방향으로 바꾸려는 책임감도 가져야 한다는 인식이 확산되고 있습니다.

지금 일하고 있는 어른들, 그리고 앞으로 사회에 진출할 여러분이 '내가 한 일 때문에 슬퍼지는 사람이 없게끔 만들어야지' '내가 하는 일을 통해 더 나은 사회를 만들어야지'라고 생각하는 것이 매우 중요해졌습니다. 일에서의 '신념'이나 '뜻'이라고 표현해도 괜찮을 것 같네요. 앞으로는 평화롭고 공평한 사회를 만들기 위해 도덕적으로 바른 일, 사람이나 환경을 배려하는 마음을 가지는 태도가 높이 평가되는 시대가 될 겁니다.

지구온난화

기온 상승으로 빙하가 녹아 해수면이 올라가고 바다의 면적이 넓어지고 있습니다. 이대로 온난화가 진행되면 바다에 잠기는 섬나라도 나올 것이라고 합니다.

사회를 바꾸는 착한 소비

똑같은 옷이 있습니다. 하나는 2만 원에, 다른 하나는 1만 5,000원에 팔렸다고 가정해 봅시다. 같은 품질이라면 1만 5,000원에 사는 게 좋겠지요. 그런데 그 옷을 만든 기업이 가격을 5,000원 더 낮추기 위해 부당하게 싼 임금을 주고 다른 나라의 어린이들을 일하게 만든 거라면 어떨까요? 2만 원짜리 옷을 사서 누구도 고통받지 않는 선택을 하고 싶어질 겁니다.

사람과 사회, 지구 환경 등을 고려하며 만든 물건을 소비하는 것을 '착한 소비'라고 합니다. 판매하는 물건 뒤에서 울고 있는 사람은 없는지, 그 물건을 만드는 기업이 환경에도 신경을 쓰고 있는지에 대해 소비자들이 좋은 의식을 가지고 행동하면 기업과 사회도 달라집니다.

SDGs

2030년까지 세계가 달성해야 할 17개의 목표를 뜻합니다. 달성할 수 있을지는 알 수 없지만 세계가 안고 있는 문제를 알고 목표를 세워서 행동하는 것은 중요합니다.

지구가 떠안고 있는 문제

일본에서는 연간 폐기되는 식품이 2017년 기준 약 620만 톤이라고 합니다. 한 사람이 매일 먹는 밥 한 공기 분량의 식량이 버려지는 꼴입니다.

식품 폐기

아동 노동자 착취

소비자가 저렴한 물건을 원하면 기업은 만드는 데 드는 비용을 줄입니다. 그 결과 노동자들을 착취해서 더 싼 임금으로 상품을 생산하려고 합니다.

 1 빈곤 퇴치
 2 기아 해결
 3 건강과 복지
 4 양질의 교육
 5 성평등
 6 깨끗한 물과 위생
 7 지속 가능한 청정에너지
 8 좋은 일자리와 경제 성장

 9 산업 혁신과 인프라
 10 불평등 해소
 11 지속 가능한 도시와 공동체
 12 지속 가능한 소비·생산
 13 기후 변화 대응
 14 해양 생태계 보존
 15 육상 생태계 보존
 16 평화·정의 효과적인 제도
 17 글로벌 파트너십

AI, 앞으로 잘 부탁해!

앞으로의 사회를 크게 바꿀 거라고 기대하고 있는 기술이 AI입니다. AI는 'Artificial(인공) Intelligence(지능)'의 약자로 인간의 지적인 행위를 컴퓨터 프로그램으로 실현한 기술을 말합니다.

인간의 뇌는 복잡한 정보 처리를 소화하고 있어요. 예를 들어 여러 사람의 얼굴을 구분하거나 목소리를 구분하는 '인식', 복잡한 표현이나 맞장구를 이해하는 '대화', 미래를 생각하는 '추측', 새로운 것을 만드는 '창조', 과거의 체험을 익히는 '학습' 등이 있죠. 이러한 지적 행위를 컴퓨터에 학습시키고 실행시킴으로 인간의 경제 활동이나 문화 활동에 더 알맞은 서비스 제공을 목표로 합니다. 스스로 이해하고, 사고하고, 학습하는 게 지금까지의 컴퓨터와 AI의 다른 점이에요. 가까운 AI의 예로 '대화형 AI'가 있습니다. 혹시 사람 모양의 안내 로봇을 본 적이 있나요? 대화형 AI 로봇은 사람들의 질문을 이해하고 대답한답니다. 의사소통 데이터가 하나하나 쌓이고 이를 학습해 날이 갈수록 자연스러운 대화가 가능하도록 진보하죠. 또한 스마트폰의 음성 인식 기능은 소유자가 말을 걸면 대화할 수 있고 용건을 해결해 주기도 합니다. 그 밖에도 외국어 번역이나 자율 주행 등 우리 생활을 편리하게 해 줄 AI가 세계 곳곳에서 연구되고 개발되고 있습니다.

감정 인식 로봇

일본의 IT기업인 소프트뱅크가 2014년 발표한 페퍼(Pepper)는 세계 최초의 감정 인식 휴머노이드(인간형) 로봇입니다. 안면 인식과 같은 인지 능력을 갖추고 있어서 사람과 의사소통할 수 있습니다. 간호나 고객 접대 등을 하며 현장에서 활약하고 있습니다.

대화형 AI 서비스

말을 걸면 그 내용에 맞게 대답하거나 스마트폰 작동을 자동으로 해 줍니다. 아이폰의 '시리', 구글의 '구글 어시스턴트' 등이 있습니다.

AI 번역

모국어로 말을 걸면 원하는 언어로 자동 번역된 음성이 나옵니다. 50개 이상의 언어 번역이 가능한 기종이 있어 실용화가 진행 중입니다.

AI가 한국을 구한다?!

생산 활동을 할 수 있는 15~64세 인구 계층을 '생산연령인구'라고 합니다. 한국은 2017년에 생산연령인구가 처음으로 줄어들었고 65세 이상 인구 비율도 증가해 고령 사회로 공식 진입했습니다.
이런 상황 속에서 기술의 진보는 줄어드는 노동력을 커버하고 생산 효율을 높이는 등 여러 도움을 주고 있습니다. AI도 도움을 주는 대표적인 예입니다. 생산연령인구가 감소하는 한국 사회에서 AI의 역할은 점점 더 커질 것으로 예상됩니다.

자율 주행

핸들을 잡지 않아도 자동차를 운전할 수 있는 연구가 진행 중입니다. 그러나 자율 주행 시 교통사고 책임은 누가 지는지 등 법률적인 과제가 남아 있습니다.

미래 시대를 살아가는 데 필요한 힘이란?

AI를 비롯한 과학 기술의 발전 속도는 정말 놀라워요. 자율 주행을 예로 들어 볼까요? 2000년대 초반만 해도 자율 주행 자동차 개발은 어려울 거라고 예상했어요. 그러나 2010년대에 들어서 여러 과제를 해결하며 자율 주행 자동차 개발 성공 사례가 언론에 보도됐어요. 번역 기술도 2010년대 이후로 뚜렷하게 발전했답니다. 서비스 개시 초반에는 번역의 정확도가 낮았지만, 데이터가 쌓이고 컴퓨터가 학습하면서 지금은 상당히 정확한 번역을 할 수 있게 됐어요.

> **열차 기관사**

시간표대로 운행하는 열차 운전은 AI로 자동화하기 쉬운 직업입니다.

직업별 일자리 전망 결과

전망	직업명				
다소 감소	건축 목공	결혼 상담원 및 웨딩플래너	계산원 및 매표원	귀금속 및 보석 세공원	낙농 및 사육 관련 종사자
	단순 노무 종사자	단열공	단조원	도장원 및 도금원	바텐더
	비파괴검사원	사진가	섬유 공학 기술자	세탁원	악기 제조원 및 조율사
	의복 제조원 및 수선원	이용사	작물 재배 종사자	조적공 및 석공	주조원
	증권 및 외환 딜러	철근공	철도 및 전동차 기관사	측량가	캐드원
	콘크리트공	텔레마케터	판금원 및 제관원		
감소	어업 종사자	인쇄 및 사진 현상 관련 조작원			

※한국고용정보원, 「2019 한국직업전망」, '향후 10년간 일자리 전망 및 요인' 중에서

2017년 한국고용정보원 연구사업보고서인 「기술 변화에 따른 일자리 영향 연구」에 따르면 "2025년을 기준으로 직무 능력 대체 위험 비율이 가장 높은 직종은 단순 노무 종사자로, 업무 수행 능력의 91.1%가 대체될 위험에 직면할 전망"이라고 합니다.

앞으로는 시키는 대로 일하는 게 아니라 자기 스스로 해야 할 일을 생각하며 행동할 필요가 있어 보여요. 정보를 입력하는 단순 사무는 기계가 대신할 수 있을 테니까요. 회사의 어려움을 해결하기 위해 앞장서서 움직이거나, AI를 이용해 효율을 높이는 업무 방식을 만들어 나가는 역할을 한다면 그 사람의 업무는 기계로 대체되지 못할 거예요. 주어진 일을 '한다'는 것뿐만이 아닌 새로운 일을 '창조한다'는 것이 중요합니다.

답이 없는 물음에 대면하는 힘이 필요하다

학교 시험 문제에는 답이 있지만 일에는 '이렇게 하면 잘된다'라는 정답이 없는 경우가 더 많습니다. 그런데 이렇게 정답이 없는 물음을 고민하거나 동료와 의논해서 정답이라고 생각하는 행동을 하는 것은 AI나 로봇이 할 수 없는 일입니다. 또한 지금까지 당연하게 여겼던 것들을 '정말로 옳은 방법일까?' '더 좋은 방법은 없을까?'라고 의심하며 새로운 의문을 제시하는 것도 인간만이 할 수 있는 일입니다. 답이 없는 물음에 대면하는 힘, 상식에 얽매이지 않는 새로운 물음을 제시하는 힘, 이것이 우리에게 필요한 힘입니다.

경리 사무원

인간은 아무리 노력해도 많은 정보를 입력하다 보면 실수를 합니다. 반면 AI는 입력을 틀릴 가능성이 매우 낮습니다.

포장 및 운반공

여러 상품을 상자에 넣고 무거운 짐을 운반하고…. 이러한 육체노동은 AI나 로봇 기술의 발달로 사람의 손을 떠나게 될지도 모릅니다.

AI가 잘하는 일과 못하는 일

AI나 컴퓨터는 정확하고, 지치거나 지겨워하지 않아요. 또한 규칙이 있는 작업은 엄청난 속도로 처리하기 때문에 방대한 데이터를 다루는 일은 인간보다 잘한답니다. 그러나 AI도 만능은 아니에요. 맞지 않는 분야가 있습니다.

첫 번째는 '창작하는 것'입니다. 체스나 바둑으로 AI가 인간을 이기는 것은 드문 일이 아니게 됐지만 새로운 게임이나 규칙을 만드는 것은 AI보다 인간이 더 잘합니다. 예술 작품이나 음악을 만드는 AI도 있지만 '어떤 작품이 인간의 감정에 호소하는가?'와 같은 감상적인 분야를 이해하는 것은 AI에게는 불가능한 일이에요. 무언가를 만드는 것은 아직 인간이 더 잘하며, 설령 AI가 무언가를 만들 수 있게 된다고 해도 인간이 만든 것이 AI가 만든 것에 비해 절대적으로 뒤떨어지는 일은 없을 거예요.

두 번째는 '사람과의 의사소통'입니다. 우리는 의사소통하면서 여러 가지 일을 암암리에 이해해요. 예를 들어 "하지 마!"라고 했을 때 상대방의 말투나 표정, 반응 등을 살피죠. 이를 통해 상대방이 정말 싫어서 주의를 주고 있는 건지, 아니면 농담에 대한 가벼운 대답 같은 건지 이해할 수 있어요. AI는 이처럼 문맥을 이해하거나 분위기를 파악하는 일을 잘하지 못해요. 인간처럼 고도의 의사소통이 가능한 AI의 등장은 아직 멀었다고 합니다.

앞서 말한 것과 같이 AI는 인간을 완벽하게 대신하지 못해요. "AI를 쓰면…"이라고 쉽게 말하지만 아직은 개발과 도입에 방대한 비용이 드는 게 사실입니다. 그러나 새로운 시대에는 AI가 인간을 보조하며, 나아가 좋은 의미의 경쟁 상대가 될 겁니다.

직업별 일자리 전망 결과

전망	직업명				
증가	간병인	간호사	간호조무사	네트워크 시스템 개발자	물리 및 작업치료사
	변리사	변호사	사회복지사	생명 과학 연구원	산업 안전 및 위험 관리원
	수의사	에너지 공학 기술자	의사	치과 의사	컴퓨터 보안 전문가
	한식목공	한의사	항공기 객실 승무원	항공기 조종사	

※한국고용정보원, 「2019 한국직업전망」, '향후 10년간 일자리 전망 및 요인' 중에서

AI가 서투른 분야는?

독창적인 작품이 완성됐다!

새로운 걸 만드는 일은 어려워….

창조성

AI는 과거의 것을 배워서 비슷한 것을 만드는 일은 잘하지만 지금까지 없던 것을 만드는 일에는 서툽니다.

통계적으로는 전혀 어울리지 않습니다.

괜찮네!

사실은 안 어울리지만….

의사소통

AI는 인간의 마음을 이해하거나 분위기를 파악하는 게 서툽니다. 인간이 당연하게 하고 있는 의사소통도 AI에게는 복잡한 일입니다.

공감 능력을 키우자

AI가 확산되는 미래에 인간이 갖춰야 할 능력은 '공감 능력'입니다. 공감 능력이란 상대방과 마음이 통하는 능력, 상대방을 생각하며 행동하는 능력을 말합니다.

AI는 정해진 업무를 확실하게 처리하거나 매뉴얼에 따라서는 행동할 수 있습니다. 그러나 상대방에게 필요한 게 무엇인지를 미리 살펴서 행동하지는 못합니다. '이 사람, 눈치가 빠르구나'와 같은 높은 공감 능력은 AI가 보급된 이후에도 필요할 것입니다.

인간이라서 유리한 점은 무엇인가?

의사소통?

공감?

창조성?

능력?

감각?

AI를 두려워할 필요는 없습니다. 앞으로는 AI가 잘하는 일은 AI에게 시키고, 인간이 잘하는 일은 인간이 하는 협력 체제로 움직이게 될 것입니다. 인간에게 가능한 것이 무엇인지를 생각하는 일이 중요합니다.

만약에 내가 해외에서 일하게 된다면…?

대한민국 국민으로 외국에 장기 체류하거나 외국 영주권을 가진 사람은 2019년 기준 약 749만 명입니다. 1989년에는 약 227만 명이었으니, 30년 사이에 약 3.3배 증가한 거지요. 해외에 사는 한국인은 앞으로도 증가할 것으로 보입니다. 해외에서 일하는 사람 중에는 예전부터 해외에서 일하고 싶었다고 말하는 사람이 있는가 하면, 자신이 해외에서 일하게 될 줄은 상상도 못 했다고 말하는 사람도 있답니다. 이 책을 읽고 있는 여러분도 10년 후에는 해외에 살면서 일할지도 모르는 일이에요.

또한 한국에 사는 외국인의 수는 2019년 기준 약 222만 명으로, 총인구의 4.3%를 차지합니다. 해외에 사는 한국인이 증가하듯, 한국에 사는 외국인도

기업의 해외 진출

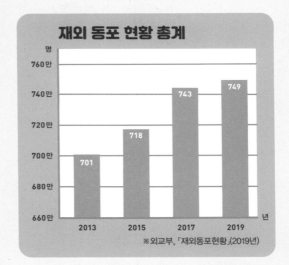

재외 동포 현황 총계

명

년	2013	2015	2017	2019
	701	718	743	749

※외교부, 「재외동포현황」(2019년)

해외 기업에 취직

계속해서 증가할 것으로 보여요.

한 사회 안에 다른 인종과 다양한 문화가 공존하는 사회를 '다문화 사회'라고 합니다. 한국인이 해외에 나가서 외국인이 되는 경우, 한국에 있으면서 외국인과 함께 일하는 경우 모두 증가하고 있지요. 이와 같은 세상에서는 서로의 문화나 사고방식을 이해하려고 노력하는 것, 즉 다양성을 존중하는 자세가 중요합니다.

기술자로 채용

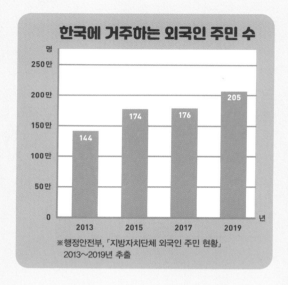

한국에 거주하는 외국인 주민 수

※행정안전부, 「지방자치단체 외국인 주민 현황」 2013~2019년 추출

다양성과 종교

세계에는 많은 종교가 있습니다. 한국에도 외국인이 많이 살고 있어서 다른 종교를 이해할 필요가 생겼습니다. 예를 들어 힌두교에서는 소고기를, 이슬람교에서는 돼지고기를 먹지 않습니다. 그 밖에도 이슬람교는 하루에 다섯 번, 메카가 있는 곳을 향해 예배를 드립니다. 최근에는 할랄 음식점도 꽤 찾아볼 수 있습니다. 종교에 대한 배려도 다양성 시대에 필요한 자세입니다.

폭넓은 의사 소통

다양성이 중요한 이유

다양성은 국적뿐만 아니라 연령이나 성별, 형편이나 사고방식 등의 여러 가지 특성을 뜻합니다. **기업이 발전하려면 다양성을 적극적으로 추진하며 다양한 사람을 채용하는 게 중요**하다고 해요. 왜 그럴까요?

첫 번째 이유는 인재를 확보하기 위해서입니다. 성별, 국적, 장애의 유무 등으로 채용에 선을 긋지 않고 인재를 확보하는 겁니다. 이러한 채용 자세는 지원하는 사람들에게도 매력적으로 비쳐 우수한 사람

들이 모이기 쉬워진답니다.

두 번째 이유는 다양한 요구를 받아들이기 위해서입니다. 경제가 크게 성장하던 시기에는 특별한 일을 하지 않아도 기업의 성과가 점점 올라갔지만, 지금은 달라요. 소비자의 욕구가 다양해져 그에 맞는 상품 서비스를 개발하지 않으면 성과가 올라가지 않아요. 다양한 인재가 모여 있는 기업은 소비자의 다양한 요구를 이해하며 지금의 세상이

필요로 하는 것을 제공할 수 있어요.

세 번째 이유는 다양성이 있으면 다른 관점과 경험이 화학 반응을 일으켜서 새로운 것을 탄생시킬 수 있기 때문입니다. 대다수의 사람이 비슷한 관점이나 가치관을 따르는 기업에서는 새로운 아이디어가 좀처럼 나오지 않아요. 뛰어난 아이디어나 기획은 여러 생각과 관점을 가진 사람들이 모여 의견을 교환하면서 생겨날 가능성이 높답니다.

성별로 단정 짓지 않는다

'남자니까 OOO 해야 해' '여자니까 OOO 해야 해'라는 생각은 마음속에 무의식적으로 자리 잡은 고정관념입니다. '남자가 돼서 이것밖에 못 해?' '여자가 하기에는 너무 힘든 일 아니야?' 같은 편견이 자신의 직업관이나 직업 선택에 무의식적으로 섞여 있지는 않은지 주의합시다. 사회는 개인의 모임입니다. 편견 없는 사회를 만들려면 한 사람 한 사람이 바른 의식을 갖는 것이 중요합니다.

다양성이 늘어나면 여러 사람이 모이게 되고, 새로운 의견이나 재미있는 아이디어가 나옵니다. 하지만 한편으로는 가치관의 차이로 충돌이 생길 수도 있습니다. 다양성을 추구하는 것은 간단한 일은 아닙니다.

내가 베푼 친절은
언젠가는 반드시 돌아온다

앞에서 다양성을 추구하는 게 중요하다고 이야기했어요. 다양한 연령, 다양한 국적, 다양한 형편, 다양한 사고방식을 가진 사람들과 함께 일하려면 어떤 자세가 필요할까요? 바로 '나와는 다른 사고방식이나 가치관을 가진 사람들과 형편이 다른 사람들을 존중하고 이해하고 도우려는 자세'입니다.

예를 들어 직장에는 육아나 병간호로 오랜 시간 일하지 못하는 사람들이 있어요. 그런 사람들은 일하고 싶어도 일할 수 없는 형편이기 때문에 주변 사람들이 이해하고 지지해 줘야 한답니다. 나중에 자신이 같은 형편에 놓인다면 이번에는 지지를 받는 쪽이 될 거예요. 이러한 의식이 직장에

A 씨의 일하는 방식

보험 회사에서 근무하는 A 씨는 딸을 위해서 단축 근무를 하고 있습니다. 8시간 근무에서 2시간을 단축한 덕분에 아이를 유치원에 맡기고 데려오는 일이 순조로워졌습니다. 일하는 시간이 짧은 만큼 집중해서 일을 해냅니다.

B 씨의 일하는 방식

휠체어에서 생활하는 B 씨는 재택 근무할 수 있는 IT 회사에 입사해 자신이 잘하는 프로그램 만드는 일을 하고 있습니다. 회사 사람들과는 채팅이나 영상 통화로 의사를 교환합니다. 매월 1회, 상사가 B 씨의 집을 방문해서 여러 가지 상담을 해 주기 때문에 안심하고 일할 수 있습니다.

스며든다면 누구나 일하기 쉬운 환경이 되겠지요? 또한 외국 국적을 가진 사람이 직장 환경 때문에 힘들어한다면 어떻게 해야 일하기 편할지 물어보고 개선하기 위해 힘을 보태는 것도 필요해요. 이로 인해 기업 전체의 움직임이 좋아져서 커다란 성과를 얻게 될지도 모르거든요. 자신만 문제없으면 그만이라고 생각하는 게 아니라 여러 사람의 마음을 배려하고 행동하는 것. 다양성을 추구하는 사회에서는 이러한 자세가 중요합니다.

여러 사람의 생각과 처지, 일하는 방식에 대한 존중은 자기 생각과 처지, 일하는 방식에 대한 존중으로 연결됩니다. 연령, 성별, 국적, 장애의 유무에 얽매이지 않고 **누구나 자신의 개성을 살리며 일할 수 있는 이상적인 사회를 만들려면 우리 한 사람 한 사람의 마음가짐이 중요합니다.**

'○○은 당연하다'를 그만두자!

지금도 많은 기업에 '야근은 당연하다'라는 분위기가 있습니다. 그런 분위기 때문에 과로사 문제도 생겼습니다. 이렇게 '○○은(는) 당연하다'라고 단정 짓는 것은 다양성과는 반대 지점에 있는 것으로, 사람의 행동이나 삶을 구속하는 것입니다. 자기가 당연하다고 여기는 것, 기업이나 사회 전체가 당연하다고 생각하는 것이 누군가에게는 고통스러운 사슬일 수 있습니다. 당연하다는 것을 의심하며 누구나 살기에 편한 사회 실현을 목표로 해야 합니다.

C 씨의 일하는 방식

가전 회사에서 공장장으로 일해 온 C 씨는 65세를 맞이해 정년퇴직했습니다. 그 후 회사에 복귀해 사원들을 상담해 주거나 강습회를 열어 기술을 가르치는 일을 맡았습니다. 주 3회 근무지만 오랜 세월 쌓아 온 경험을 살릴 수 있는 데다가 사원들도 의지해 줘서 큰 보람을 느끼고 있습니다.

인생 길다! 100세 시대에 꼭 필요한 삶의 자세

통계청 조사에 따르면 2019년 한국인의 평균 수명은 여성이 86세, 남성이 80세였습니다. 의료 기술의 발달과 건강에 대한 의식이 높아져 '100세 시대'도 머지않았다고 해요.

지금까지는 사람의 일생을 '학교 다니는 기간' '일하는 기간' '은퇴한 기간' 셋으로 나눴지만 100세 시대에는 그런 삶의 방식을 바꿀 필요가 있어 보여요. 대부분 60세 무렵에 정년퇴직하는데, 65세가 돼도 건강하게 활동하는 사람이 많기 때문이에요. 그런 사람들이 100세까지 40년 가까운 시간을 그냥 보내는 건 너무나 아까운 일입니다.

100세 시대에는 어떤 방식으로 살아야 할까요? 끝

부업이 인생을 풍요롭게 한다?

본업 이외에 하는 일을 부업이라고 합니다. '생활비에 보태려고' '본업에서는 하기 어려운 하고 싶은 일을 하려고' 등 부업의 이유는 제각각입니다. 부업을 금지하는 기업도 많습니다만 다양한 방식으로 일하는 것을 이해하자며 부업을 인정하는 기업도 늘고 있습니다. 가까운 미래에는 부업으로 인맥이나 활동의 폭을 넓히는 것도 괜찮은 방법일 듯합니다.

80 세   70 세   60 세

은퇴

80 세   70 세   60 세

일/부업
전업

끊임없이 배우고 새로운 것에 도전하며 100년 인생을 충실하게 만들며 사는 방식은 어떨까요? 학교를 졸업하고 일하기 시작했어도 하고 싶은 게 있으면 해 보는 거예요. 직장을 옮겨서 할지, 부업으로 할지, 자원봉사로 할지는 알 수 없어요. 40세나 50세에 대학에 들어가 공부하고 싶은 학문을 배워도 좋을 거예요.

노후를 인생의 나머지로 여기는 삶의 자세는 자신의 삶을 남에게 맡기는 소극적인 자세입니다. 일하면서도 자신의 인생을 재조명하고, 흥미를 느낀 것을 배우고, 하고 싶은 것을 실행해 보는 것. 그러한 방식으로 살 수 있다면 알차고 단단한 100세 인생을 보낼 수 있을 것입니다.

지금까지의 인생 단계

50 세　40 세　20 세　0 세

일　교육

앞으로의 인생 단계

50 세　40 세　20 세　0 세

교육
자유롭게 일한다
자원봉사 등

교육

언제 어디서나
호기심을 잃지 말자

인생을 풍요롭게 하는 방법의 하나는 소속된 커뮤니티(집단, 장소)를 여러 개 갖는 거예요. 일하기 시작하면 인간관계가 좁아지고, 일과 관련된 사람들과 보내는 시간만 늘어나거든요. 그렇게 되면 사고방식이 딱딱해지고 인간관계의 폭도 좁아집니다. 일 외의 커뮤니티에 들어가 여러 사람과 만난다면 사고방식이 조금 더 유연해질 거예요. 또한 커뮤니티 안에서 자신의 역할이 일할 때의 역할과 다를 테니 인간관계의 폭도 넓어질 겁니다. '나에게 이런 면이 있었구나'라며 새로운 사실을 깨닫게 될지도 모르고요. 흥미나 관심을 중심으로 활동의 폭을 조금씩 넓히다 보면 변화는 물론이고 인생이 생각지도 못했던 방향으로 굴러갈지도 모르는 일이에요.

100세 시대에는 일을 시작한 뒤에도 새로운 일에 도전하거나 새로운 것을 계속해서 배우는 자세가 중요합니다. 물론 알고 있어도 행동으로 옮기는 게 쉽지 않죠. 인간은 설령 그것이 좋은 변화라 하더라도 변화를 일으키는 데 저항이 있어요. 바쁜 나날 속에서 새로운 일을 하는 걸 귀찮게 여기며, 지금처럼 사는 게 편하다고 느끼기 때문이죠. 그러나 **한 걸음 내디뎌 보면 그곳에 있는 새로운 세계와 새로운 친구들을 발견하게 돼 인생이 더욱더 즐거워질 거예요.** '한 걸음 나아가 보자. 조금이라도 괜찮으니 매일 변화를 일으켜 보자!' 앞으로 길게 이어질 인생

회사 커뮤니티

회사 인사팀에서 근무하고 있습니다. 채용이나 사내 교류회, 인사 이동 등 여러 업무를 맡고 있습니다. 이 커뮤니티에서는 주로 부서 사람들을 중심으로 교류하고 있습니다.

학창 시절 커뮤니티

대학을 졸업하고 10년 이상 지났지만 지금까지 모이는 소중한 친구들이 있습니다. 모두 다른 업계에서 일하고 있어 이야기를 흥미롭게 들을 수 있습니다. 나와 회사에 대한 생각을 다른 각도로 볼 수 있습니다.

에서 이 점을 꼭 의식하면서 살아가길 바라요. 그렇게 된다면 여러분의 인생은 틀림없이 좋은 열매를 맺을 겁니다.

동네 야구 커뮤니티

고등학교 때까지 야구를 했습니다. 최근에 다시 하고 싶다는 생각이 들어서 인터넷으로 검색해 동네 팀에 들어갔습니다. 처음에는 긴장했지만 이웃에 사는 사람들이 있다는 걸 알고 지금은 즐겁게 야구를 하고 있습니다.

여러 가지 일에 도전하거나
여러 사람과 만나는 것은 여러분의
인생을 충실하게 만드는
가장 좋은 방법입니다.

교육 자원봉사 커뮤니티

학창 시절 친구의 권유로 교육 자원봉사 단체를 돕고 있습니다. 이 단체에서는 기존의 보습 학원에 적응하지 못한 아이들에게 공부를 가르치는 활동을 합니다. 교사가 되고 싶었던 적도 있어서 교육과 관련된 일로 도움을 줄 수 있어 기쁩니다.

이전에는 고객에게 제공하는 서비스가 가치 있다는 자신감이 없었습니다. 그러니 업무 성과도 좋지 않았습니다. 고객에게 도움이 된다고 당당히 말할 수 있는 일을 하고 싶어서 지금의 일을 하게 됐습니다.

— 보험 회사 영업자(30세)

대기업 레스토랑에서 13년 동안 일하고 독립했습니다. 안정적인 수입이 없어 가족들을 힘들게 할 수도 있지만 그렇게 하지 않으면 저 스스로 인정할 만한 모습을 아이들에게 보여줄 수 없다는 생각에 독립을 결심했습니다.

— 레스토랑 사장(38세)

42년간의 경찰관 인생에서 마지막 1년을 자살 사건이 많이 발생하는 지역을 관리하는 경찰서에서 보냈습니다. 일하면서 자살을 시도하는 사람들의 살고 싶은 마음을 알게 돼 퇴직 후 NPO 법인을 세웠습니다.

— 자살 방지 NPO 대표(63세)

현장에서 일하고 싶다는 생각에 유명 수족관 관리직을 그만뒀습니다. 새 직장은 시골에 있는 수족관이었습니다. 하지만 저는 즐겁게 일하고 있고, 제 서비스에 손님들이 웃어 줍니다. 그 기쁨은 무엇과도 바꿀 수가 없습니다.

— 수족관 관장(61세)

술과 관련된 일을 하고 싶었습니다. 그래서 공무원을 그만두고 바텐더라는 직업을 선택했습니다. 여러 준비 과정을 거친 후에 개업했습니다. 제 가게가 여러 사람의 쉼터가 돼 기쁩니다.

— 바텐더(44세)

안정된 월급 생활을 내려놓고 눈 딱 감고 다섯 식구가 귀농했습니다. 스스로 생각하며 일하고 싶었고, 그중에서도 농업을 하고 싶다는 생각에 차밭을 가꾸고 있습니다.

— 녹차원 주인(53세)

어느 날 몸에 이상이 있음을 깨달았습니다. 모든 밸런스가 조금씩 무너져 갈 때, 대학 시절에 열심히 했던 치어리딩을 다시 하고 싶다는 생각이 들어 지금의 일을 선택했습니다.

— 치어리더(32세)

대학 졸업 후 취직한 회사가 맞지 않아 3개월 만에 그만두고 3년 반 동안 아르바이트로 생활했습니다. 이대로는 안 될 것 같았습니다. 어차피 하는 거라면 혹독한 환경에서 자신을 성장시키고 싶다는 생각으로 선택한 게 지금의 일입니다.

— 보험 회사 영업자(26세)

제 **6** 장

미래를 위해
공부만 열심히 하면 될까?
지금의 너에게 필요한 '일'

6화

과거와 미래가 아닌
현재의 '나'를 위해

← 오른쪽에서 왼쪽으로 읽어 주세요.

추위가 본격적으로 시작된 11월의 마지막 주

나는 3일 후로 다가온 기말고사 공부를 하고 있었다.

째깍…

째깍

벌써 10시네….

집중이 잘 안 돼.

장소를 바꿀까….

터벅

터벅

여기서 공부하는 거야?

으응?

집중이 잘 안 돼서요….

191

사회가 머리에 잘 안 들어와요. 왜 역사 속 인물을 외워야 하는지….

그럴 때가 있긴 하지.

엄마도 그런 생각을 했어요?

엄마도 전에는 그렇게 생각했어. 이런 공부 쓸모가 없는데 왜 해야 하냐고.

왜요?

그럼. 나도 평범한 아이였으니까. 그런데 말이야,

어른이 돼 보니 공부가 중요한 거였다는 생각이 들더라.

너도 열심히
하고 있으니
엄마도 공부 좀
해야겠다.

?

무슨 공부요?

그럼~

선생님인데
예습을
해요?

내일 수업
예습.

지금 학원에는
하고 싶은 마음이
없는 아이들도,
지식이 전혀 없는
아이들도 있어서
어떻게 가르칠지
예습이 필요하거든.

전에는 일반인에게
영어 회화를 가르쳤잖아?
공부할 생각이 있거나
어느 정도 지식이 있는
사람이 학생이었지만

알았어요.

엄마도 아빠도 하야토가 웃으면서 지내는 걸 보는 게 제일 행복해.

왠지 방해하면 안 될 것 같네.

조금만 더 하고 얼른 자자! 아자ー!

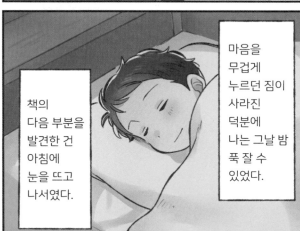

책의 다음 부분을 발견한 건 아침에 눈을 뜨고 나서였다.

마음을 무겁게 누르던 짐이 사라진 덕분에 나는 그날 밤 푹 잘 수 있었다.

책상 위에 놔둬야겠다.

왜 공부를 해야 할까?

이런 생각 해 본 적 없나요? 여기에서는 공부를 크게 '학교에서 하는 공부'와 '자발적으로 하는 공부' 두 가지로 나눠서 생각해 볼까 합니다.

흥미를 느끼거나 자신에게 필요하다고 생각해서 하는 공부는 자발적으로 하는 공부입니다. 어른들이 하는 공부가 대부분 여기에 해당되죠. 일에 필요한 지식

을 배우거나 읽고 싶은 책을 보며 자신을 성장시키는 거예요. 자발적으로 하는 공부는 자기에게 맞는 공부를 한다는 점에서 중요하다고 느끼는 사람이 많아요. 그렇다면 모두에게 평등하게 주어지는 학교 공부는 중요하지 않을까요? 아니요, 그렇지 않습니다. **학교 공부는 사회에 나오기 위한 기초 체력**이 됩니다. 학교에서 배우는 내용은 상당 부분 사회를 살아가기 위한 능력과 관련이 있어요. 한글은 기본이고, 역사

두 가지 '공부'

일과 관련된 공부를 한다

새로운 자격증을 취득한다

책을 읽는다

자발적으로 하는 공부

일에 필요한 지식을 배우거나 자격증을 따는 것도 공부입니다. 흥미 있는 것을 깊게 파기 위한 공부도 여기에 포함됩니다. 이 공부는 누가 시켜서 하는 게 아닌 스스로 하는 공부라고 할 수 있습니다.

와 수학 등의 과목은 생활에 밀착해 있죠. 직접적으로 관련돼 있지 않더라도 학교에서 배운 지식이나 사고방식이 기초가 돼 일에 쓰이는 경우도 자주 있습니다.

다음으로 학교 공부는 미래의 선택지를 확장하는 데 도움을 줍니다. 초등학교와 중학교에서 배운 것은 고등학교와 대학 입시 시험에 나오는 내용이기도 합니다. 학력을 얻으면 취직 활동을 할 때 선택할 수 있는 일의 폭이 넓어져요. 또 학교 공부를 열심히 하면 자신감이 생기는 경우도 있습니다. '풀 수 없었던 문제를 드디어 풀었어!' '친구에게 가르쳐 줬더니 고마워했어' 등 학교 공부를 열심히 해서 자신감을 얻어 봤다면 그것은 훌륭한 성공 체험이라고 할 수 있어요.

학교 공부

의무 교육이기 때문에 어쩔 수 없이 공부한다는 사람도 있을 것입니다. 하지만 학교 공부는 사회에서 필요한 기초 체력을 키워 줍니다. 또한 학력을 얻게 하며 미래의 선택지를 넓혀 주는 의미가 있습니다.

수업을 듣는다

시험에서 좋은 점수를 받는다

지원한 학교에 합격한다

사회인 375명에게 물어본 '도움이 됐다고 생각하는 교과목'

국어라고 생각하는 사람
● 문장력은 어떤 일에나 필요하다.
● 직장에서의 말하기와 국어 능력은 직결돼 있다.

수학이라고 생각하는 사람
● 계산은 일상에서 자주 쓰기 때문이다.
● 논리적으로 생각하게 만들기 때문이다.

영어라고 생각하는 사람
● 회사에 외국인이 많기 때문에 영어는 중요하다.
● 외국에서 오는 손님과의 대화에 도움이 된다.

기술·가정이라고 생각하는 사람
● 자취할 때 도움이 된다.
● 사는 데 필요한 기술을 배웠다.

사회라고 생각하는 사람
● 세상 돌아가는 일에 관심이 생겼다.
● 신문의 내용을 이해할 수 있었다.

공부만 열심히 하면 된다고…?

학력은 중학교나 고등학교, 대학교 등 그 사람이 어느 교육 단계를 수료했는지를 나타냅니다. 학력이 높은 편이라면 아무래도 지원할 수 있는 회사 폭이 넓어지고, 원하는 기업에 들어갈 가능성도 높아지겠지요. 또한 교사나 의사처럼 대학을 나와야만 가질 수 있는 직업도 있어요. 학교 공부를 열심히 하면 선택의 폭이 넓어진다는 것은 하나의 사실이기도 해요. 그러나 학력이 가장 중요한 것은 아닙니다.

세상에는 대학을 졸업한 사람, 전문대를 졸업한 사람, 고등학교를 졸업한 사람, 중학교를 졸업한 사람 등 다양한 학력을 가진 사람들이 있어요. 하고 싶은 일을 찾아 충실한 하루하루를 보내고 있는지 어떤지는 학력과 상관이 없습니다. 가장 중요한 것은 본인이 하고 싶은 게 무엇인지를 잘 생각하며 살아가는 것입니다.

사회에 나오기까지의 과정

A 씨의 경우

초등학생 시절

4학년이 될 때까지 보습 학원에 다녀서 학교 공부는 꽤 잘했습니다. 운동은 별로 좋아하지 않았고 게임을 하며 놀기를 좋아했습니다.

중학생 시절

과학부에 들어갔습니다. 학교 성적이 매우 우수해서 부모님이 무척 기뻐했습니다. 시에서 제일 좋은 고등학교에 합격했습니다.

고등학생 시절

변함없이 성적이 좋아서 선생님들은 국립대학을 추천했고, 부모님은 그중에서도 커트라인이 가장 높은 법학대에 넣으라고 했습니다. 기대에 부응하기 위해 열심히 노력했고 합격했습니다.

대학생 시절

법률에 별 흥미가 없음을 깨달았습니다. 수업을 듣는 게 고통스럽게 느껴졌습니다. 취업 준비할 시기가 왔지만 어떤 일을 해야 할지 모르겠습니다.

> **CHECK!**
>
> A 씨는 공부를 잘하면 어른들이 칭찬해 줬기 때문에 계속 공부만 열심히 했습니다. 공부를 열심히 하는 것 자체는 좋은 일이지만 미래를 조금이라도 생각하며 살았다면 현재와 같은 상황은 피할 수 있지 않았을까요.

B 씨의 경우

초등학생 시절

공부보다는 운동을 좋아했습니다. 고학년이 돼서는 지역 축구팀에 들어가 시간을 보냈습니다.

중학생 시절

축구부에 들어가 열심히 활동했습니다. 3학년이 되고 고등학교 입시가 다가와 필사적으로 공부했지만 1지망 학교에 가지 못하고 2지망 학교에 들어갔습니다.

고등학생 시절

중학교 때와 마찬가지로 축구부에 들어갔지만 1학년 겨울에 교통사고를 당해 축구부를 그만뒀습니다. 축구선수가 되는 게 꿈이었지만 고민 끝에 운동선수와 함께하는 스포츠 트레이너가 되기 위해 전문대학에 진학하기로 마음먹었습니다.

전문대학생 시절

스포츠 트레이너를 목표로 공부하던 중 일반인들에게 운동의 중요성을 알리는 일에도 매력을 느꼈습니다. 나중에는 스포츠센터를 운영하고 싶습니다.

CHECK!

B 씨는 교통사고를 계기로 자신의 미래를 생각하게 됐습니다. 스포츠 트레이너가 되는 것을 목표로 삼고 공부했지만 지도자가 되는 길도 생각하고 있습니다. 경영에도 흥미를 느끼는 등 자신의 미래에 대해 끊임없이 생각하는 자세를 엿볼 수 있습니다.

가장 좋지 않은 것은 학교 성적을 올리는 것에만 연연한 나머지 꿈이나 하고 싶은 일에 대해 생각하지 않는 것입니다. 그런 친구들은 좋은 학교에 들어갔다고 해도 하고 싶은 것을 찾지 못해 어찌할 바를 모르게 됩니다. **공부만 열심히 해 두면 자기에게 맞는 일을 누군가가 찾아 주는 게 아닙니다.** 학교 공부를 열심히 하면서 자신이 어떤 일을 하고 싶고 어떻게 살고 싶은지를 생각하는 것이 중요합니다.

정답은 하나가 아니야!

학교는 공부를 하고 사회생활의 규칙을 배우기 위해 다니는 곳이기 때문에 매우 중요합니다. 그러나 등교하는 것을 지나치게 두려워하며 원인 모를 신체적 고통을 겪는 친구들이 있습니다. 심리적인 현상인데요, 이러한 현상을 '등교 거부증'이라고 합니다. '나에게 과연 밝은 미래라는 게 있을까?' '나중에 어른이 돼도 제대로 일하는 건 불가능하지 않을까?' 학교에 가지 않는 친구들은 이런 불안에 빠져 있을지도 몰라요.

그런데 솔직히, 학교는 조금 특수한 장소입니다. 같은 나이대의 아이들이 모여 있고, 정해진 규칙을 따라야 하죠. 사회와는 조금 다른 세계입니다. 학교에 적응하지 못해 등교를 거부했던 친구가 어른이 돼 자신에게 딱 맞는 곳을 찾아 활약하는 예는 많아요. 그러니 **학교에 가지 않는다고 해서 인생이 끝난 것 같은 절망을 느낄 필요는 전혀 없습니다.** 만약 여러분 중에 학교에 가지 않는 사람이 있다면 한 가지 말해 주고 싶은 게 있어요. 집에 혼자 틀어박혀 있지 말고 움직여 보세요. 초조해할 필요는 없어요. 그냥 적절한 때에 움직여 봤으면 해요. 예를 들어 취미가 같은 사람들이 모이는 곳에 가 보거나 대안 학교에 가 보는 거지요. 학교가 힘들다면 학교 이외의 장소에서 안식처를 찾으면 마음이 한결

등교 거부 경험이 있는 어떤 친구의 이야기

저는 초등학교 고학년 무렵에 왕따를 당했습니다. 학교 가기가 싫어져서 등교를 거부했어요. 중학교도 초반에는 다녔지만 초등학교 때 저를 왕따시켰던 아이가 있어서 다시 등교를 거부하게 됐습니다. 1년 정도는 아무 것도 하지 않고 집에서 인터넷만 했습니다. 하지만 점차 고등학교에 가고 싶어졌고, 부모님의 추천으로 대안 학교에 다니게 됐습니다. 거기에는 저처럼 학교 등교를 거부한 적이 있는 아이도 많아서 안심이 됐습니다. 고등학교는 저를 왕따시켰던 아이가 가지 않을 멀리 떨어진 학교를 골랐습니다. 무사히 합격해서 즐겁게 다니고 있습니다. 거기에서 새로운 친구를 만나기도 했습니다. 지금은 복지 관련 대학에 진학하기 위해 열심히 공부하고 있습니다.

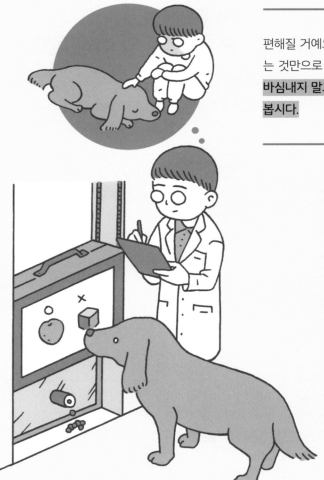

편해질 거예요. 인생은 신기한 것이어서 한 걸음 내디뎌 보는 것만으로 생각지도 않았던 광경이 펼쳐지기도 해요. 조바심내지 말고, 땅만 보지 말고, 자신만의 보폭으로 나아가 봅시다.

중학교 2학년 무렵부터 왠지 학교에 가기가 싫어져서 등교를 하지 않았습니다. 부모님은 왜 학교에 가지 않느냐고 캐물었지만 저 자신도 알 수 없었습니다. 나중에 생각해 보니 학교 자체에 익숙해지지 못했던 것 같습니다. 고등학교에는 가지 않았지만 동물을 좋아해 대학에서 동물행동학을 배워 보고 싶었습니다. 그래서 검정고시를 쳤고, 대입을 준비해 희망하는 대학에 들어갔습니다. 쭉 배우고 싶었던 학문이어서 지금은 하루하루가 즐겁습니다.

학교에 가지 않는 시간을 소중하게

약 10년 동안 등교를 거부하다 18세에 창업한 오바타 카즈키 씨는 책 『학교에 가지 않아도 괜찮다』에서 학교에 가지 않지만 자신은 이런 걸 할 수 있다고 사람들에게 자랑할 수 있는 것을 발견해 갈고 닦기를 바란다고 말합니다. 학교에서는 있을 자리를 찾지 못했다 하더라도 사회에서는 틀림없이 자신의 자리를 찾을 수 있을 겁니다. 등교를 거부한다고 불행해지는 건 절대 아닙니다.

학교생활도 서투른데… 이런 내가 사회생활을 할 수 있을까?

사회에 나와서 일할 때 커뮤니케이션 능력이 중요하다는 이야기 들어 본 적이 있나요? '부모가 자식에게 제일 가르쳐 주고 싶은 게 커뮤니케이션 능력이다' '회사가 지원자를 평가할 때 가장 중시하는 점은 커뮤니케이션 능력에 있다'라는 이야기가 있어요. 그렇다면 커뮤니케이션 능력이 높은 사람이란 어떤 사람을 말하는 걸까요? 친구가 많은 사람? 친구를 잘 웃게 하는 사람? 분위기 파악을 잘하는 사람? 다 맞는 것 같으면서도 아닌 것 같다는 느낌이 드네요.

커뮤니케이션을 사전에서 찾아보면 "사람들끼리 서로 생각, 느낌 따위의 정보를 주고받는 일"이라고 설명해요. 즉 자기 의견을 상대방에게 전하고 상대방이 말하는 것을 이해하는 거죠. 이렇게 적고 보니 너무

당연한 행위네요. 자기가 생각한 것을 확실하게 전달하고 상대방이 말하는 것을 확실하게 듣는 것, 그것을 할 수 있으면 커뮤니케이션 능력이 있는 것입니다.

커뮤니케이션 능력이 낮아서 고민하는 사람 중에는 커뮤니케이션 능력을 특별한 것이라고 생각해 자신감을 잃은 사람도 많은 것 같아요. 예를 들어 '친구가 별로 없어서요' '사람들을 못 웃겨서요' 등의 이유로 자신에게는 커뮤니케이션 능력이 없다고 믿는 것은 잘못된 거예요. 사람들과 이야기를 잘하거나 그들을 웃게 만드는 것은 커뮤니케이션 능력의 일부에 불과하기 때문에 자신감을 잃지 않아도 된답니다.

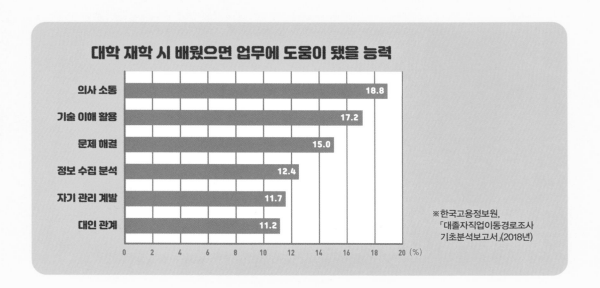

대학 재학 시 배웠으면 업무에 도움이 됐을 능력

- 의사 소통: 18.8
- 기술 이해 활용: 17.2
- 문제 해결: 15.0
- 정보 수집 분석: 12.4
- 자기 관리 계발: 11.7
- 대인 관계: 11.2

※한국고용정보원, 「대졸자직업이동경로조사 기초분석보고서」(2018년)

이런 사람은 정말 커뮤니케이션을 잘할까?

분위기 파악이 빠르다

상황을 빠르게 파악하고 자기가 해야 할 일과 해서는 안 될 일을 추측하는 사람입니다. 그러나 분위기를 너무 세심하게 읽느라 자기 의견을 전달할 수 없다면 그것은 좋은 커뮤니케이션이 아닙니다.

주변 사람들을 잘 웃긴다

사람들을 잘 웃게 하는 것은 언변이 있다는 증거입니다. 그러나 웃기려면 누군가를 비꼬거나 뭘해도 좋다고 생각한다면 커뮤니케이션을 잘한다고 할 수 없습니다.

잘 논다

주변 분위기에 쉽게 맞추는 사람입니다. 분위기를 띄우는 능력도 중요하지만 자기 의사나 생각을 전달하는 커뮤니케이션 능력은 별개의 것입니다.

친구가 많다

사람들과 스스럼없이 이야기를 잘하는 사람은 친구가 많은 경향이 있습니다. 다만 사이가 좋아 보여도 한쪽이 일방적으로 이야기하는 경우도 있습니다. 커뮤니케이션은 생각이나 기분을 서로 전달하는 것임을 잊지 맙시다.

많은 사람 앞에서 당당하게 발표할 수 있다

자기 의견을 많은 사람에게 전달할 수 있다는 것은 훌륭한 커뮤니케이션 능력의 하나입니다. 그러나 전달하는 것에만 힘을 쏟아 상대방의 이야기를 듣는 자세가 부족하다면 좋은 커뮤니케이션이라고 할 수 없습니다.

커뮤니케이션을 잘하는 사람의 특징

커뮤니케이션 능력은 왜 필요할까요? 살면서 사람들과 협력하는 것, 다른 사람에게 도움을 받는 것은 없어서는 안 되는 일이기 때문이에요. 일하다 보면 친구가 아닌 사람, 심지어 처음 만나는 사람이라고 해도 함께 힘을 합칠 필요가 있어요. 1장에서도 설명했듯이 세상에는 일을 매개로 많은 사람이 연결돼 있죠. 그래서 커뮤니케이션을 잘하는 사람은 일할 때도 필요한 존재로 활약한답니다.

또한 일이 아니더라도 사람들과 관계를 맺는 것은 중요합니다. 관계를 통해 자신이 모르는 것을 배울 수도 있고요, 인생도 풍부해집니다. 커뮤니케이션을 잘하는 방법만으로도 책 한 권을 쓸 정도로 할 이야기가 많지만 여기에서는 중요한 두 가지만 이야기하려 합니다.

우선은 상대를 배려하는 것입니다. 예를 들어 어떤 것을 알려 줄 때 '이런 방식으로 말하면 이해하기가 쉬울까?' '알기 쉽게 요점을 정리해 두자' 같은 식으로 상대방을 배려할 수 있는 사람은 이야기를 전달하는 능력이 뛰어나요. 또 이야기를 들을 때도 고개를 끄덕이거나 맞장구를 쳐 주는 사람은 상대방에게 '이 사람과는 이야기하기 편하다'라는 인상을 줄 수 있죠. 전달할 때도 들을 때도 상대방을 배려하며 행동하는 것. 그것이 커뮤니케이션을 잘하는 사람의 특징입니다.

상대를 배려한다

말하는 방식과 전달하는 방식을 연구한다

상대방에게 이해하기 쉬운 표현, 납득할 만한 표현을 하려고 애쓰는 사람은 상대방을 배려할 줄 아는 사람입니다.

고개를 끄덕이거나 맞장구를 친다

고개를 끄덕이거나 맞장구를 치는 것은 '듣고 있어요!'라는 사인입니다.

자기 의견을 전달한다

저는 반대합니다!

찬성 혹은 반대를 표현한다

자기가 좋다고 생각하는 것과 싫다고 생각하는 것을 확실히 표현하는 게 중요합니다.

분위기를 너무 의식하지 않는다

대화나 논의가 이상한 방향으로 흐를 때는 자신의 의견을 말해 흐름을 바꾸는 것도 중요합니다. 동조만 해서는 안 됩니다.

그리고 한 가지 더 중요한 것은 자기 의사 전달하기를 주저하지 않는 것입니다. 자기가 싫다고 생각한다면 그에 대한 의사를 전달하고, 납득이 가지 않는 것이 있다면 납득할 수 없다고 말해야 합니다. 우리는 집단 안에 들어가게 되면 특히 '분위기를 흐려서는 안 된다'라는 생각 때문에 분위기를 봐 가며 발언을 참거나 동조하기 쉬워요. 그러나 커뮤니케이션의 본질은 '자기가 생각한 것을 확실하게 전달한다'는 거예요. 분위기를 안다는 것이 커뮤니케이션 능력이 높다는 의미가 아니라는 점을 주의해야 합니다.

이 두 가지를 실천할 수 있다면 일적으로도 개인적으로도 커뮤니케이션하는 데 문제가 없을 거예요. 그리고 여러분을 도와줄 친구가 많아지고, 여러분의 세계도 넓어질 거예요.

잠시만요!

그럼 이 건은 이렇게 하는 걸로…

SNS 시대의 자기표현이란?

자신이 표현하고 싶은 것을 자유롭게 드러내는 시대가 됐지만 위험성도 있습니다. 예를 들어 SNS에 올린 의견이 어떤 사람들의 반발을 사 악플이 달리고, 이름이나 주소가 공개되는 경우도 있습니다. 개인의 의견이라 해도 인터넷에 올리면 세계의 불특정 다수의 사람에게 말을 거는 것과 같습니다. 그러니 자신의 의견이 누군가를 불쾌하게 만들거나 깎아내리는 것은 아닌지 잘 생각해야 합니다.

그거 해 봤어?

그냥 싫음 ㅎ

기분 나빠~

시시해 ㅋㅋ

성장하고 싶다면 혼자가 돼 보자

학교에서 친구들과 함께 시간을 보내고, 학원에서도 친구들과 함께합니다. 집에 돌아와서도 친구들과 계속 SNS를 주고받죠. 그런 매일을 보내고 있지 않나요? 물론 친구는 인생을 풍요롭게 만들어 주는 소중한 존재입니다. 그러나 친구들과 보내는 시간이 길어지는 건 좋기만 한 게 아니에요. 모두에게 맞춰서 행동하게 되면 자신이 하고 싶은 게 무엇인지 알 수 없게 돼요. 모두와 함께라면 안정감을 느껴 스스로 생각하기를 멈춰요. 이런 상태가 계속되면 자기 인생을 어떻게 살고 싶은지 모르게 될 수도 있어요.

하지만 가끔은 빠져나와 볼까?

인간관계를 잘 만드는 건 매우 중요한 일이야

고 미 야 서점

산책을 하거나…

도서관에서 책을 읽거나…

그렇게 되지 않으려면 '혼자 생각하는 시간'을
갖는 게 중요해요. 혼자서 근처를 산책하거나
도서관에 가 책을 읽기도 하면서요. 방으로 들
어와 스마트폰의 전원을 끄고 미래에 하고 싶
은 것을 적어 봐도 좋을 거예요.

인간은 혼자서 보내는 시간을 통해 성장합니
다. 자기 인생을 어떻게 살고 싶은지 진지하게
생각하기 시작하면서 어른의 대열에 끼게 되는 거
예요. 그러니 혼자서 생각하는 시간을 갖는 것은 빠르
면 빠를수록 좋겠지요?

친구들과 같은 진로를 선택해 같은 직장에 들어가며 계
속해서 함께 사는 건 불가능해요. 이대로 쭉 함께할 거
라며 지금의 생활에 만족하지 말고 자신만의 삶의 방
식을 선택해야만 합니다. 그렇게 함으로써 다른 누군
가가 아닌 여러분의 인생을 개척해야 합니다.

휴일에는 방에서
한가롭게 지내보기

자기 자신을 들여다봄으로써 새로운
삶의 방식이나 꿈을 발견하고, 생각을
정리할 수 있습니다.

독서로 가능한 두 가지 대화

독서는 저자와 대화를 나누는 것입니다. 책에는 쓴 사람과 만든 사
람이 있고, 그 사람들의 생각이 모두 담겨 있습니다. 또한 독서를
통해서 우리는 자기 자신과 대화합니다. 저자의 이야기를 따라가며
'나는 어떻게 생각하지?' '내 인생과 등장인물의 인생을 비교해 보
니까…' '이 문제에 대해서 내 나름대로 생각해 보니…' 같은 질문을
던져 보거나, 자신과 마주할 수 있습니다. 독서를 하면 저자와의 대
화, 자기와의 대화가 마음속에서 일어납니다. 마음과 생각이 성장
하는 것입니다.

착한 아이는 이제 그만!

말을 잘 듣거나 알아서 공부하면 어른들은 "착한 아이네!"라고 칭찬합니다. 칭찬을 듣는 게 좋아서 자기 의견이나 생각을 꾹 참고 어른들이 원하는 '착한 아이'를 연기하죠. 그러다 보면 자기 생각이나 감정의 표현 방법을 알 수 없게 됩니다. 성실한 친구일수록 그런 상태에 빠지기 쉬워요.

이것은 자기 생각이나 마음을 소중히 여기지 않고 인생의 선택을 다른 사람에게 맡겨 버리는 나쁜 습관이기도 해요. 사람들이 원하는 착한 아이를 연기한 결과 즐겁지 않은 인생을 살게 됐다고 해도 이해받지 못할 거예요. '모두가 하라는 대로 했는데…'라는 핑계를 대 봐야 아무도 책임져 주지 않습니다. 그렇게 되지 않으려면 '내 인생을 책임질 사람은 나 자신뿐이다'라는 사실을 깨닫는 게 중요해요. '내가 내 인생을 만든다'라고 각오하는 것입니다. 주변의 어른들은 여러분을 생각해서 충고나 조언을 해 줄 거예요. 그러나 귀를 기울여서 잘 들은 다음, 그것을 받아들일지 말지는 여러분 스스로 생각해서 정했으면

'보통'에 얽매이지 않는다

'보통이 행복하다'라고 말하는 사람이 있습니다. 그러나 이러한 사고방식이 자기를 괴롭힐 때가 있습니다. '보통이 행복하다'라는 사고방식 뒤에는 '보통이 아니면 불행하다'라고 생각하는 마음이 있기 때문입니다.

'그저 그런 학교에 입학' '수입은 다른 사람들이 버는 만큼' 'OO세쯤 결혼' 만약에 이런 것들을 보통이라고 한다면 이러한 여러 가지 보통을 전부 이루는 사람은 그리 많지 않을 겁니다. 대개의 사람은 어떤 형태로든 이러한 보통과는 다른 부분을 가지고 있기 때문에 신경 쓸 필요가 없습니다.

애초에 보통인지, 보통이 아닌지의 기준 같은 건 없습니다. 있다고 느낀다면 그것은 누군가가 멋대로 만들어 낸 것입니다. 세상이 강요하는 보통이나 스스로 만든 보통을 버리고, 나만의 방식으로 나다운 인생을 만들어 봅시다.

사립 학교에 가는 게 좋을 거야

친구들이 있는 학교에 가고 싶은 길

이대로 정말 괜찮은 걸까…?

해요. 누군가가 시키는 대로 살아서 행복해지는 일은 없기 때문이에요.

여러분 인생의 주인공은 여러분입니다. 자신의 삶을 남에게 맡기지 말고, 스스로 어떻게 하고 싶은지를 중요하게 생각하며 인생을 자신의 것으로 만들어 봅시다.

좌절이나 고난이 주는 뜻밖의 선물

인생에는 고통스러운 경험이나 속상한 일이 꽤 많이 일어납니다. 그 원인이 자신에게 있다면 확실히 돌아보고 반성하면 돼요. 하지만 내 힘으로 어찌할 수 없었던 것, 또 왜 그렇게 됐는지 이유를 알 수 없는 것에 관해서는 아무리 생각해도 답이 나오지 않습니다.

그럴 때는 마음을 푹 쉬게 해 주세요. **살다 보면 자기 힘으로 어떻게 할 수 없는 것, 최선을 다해 노력해도 보상받지 못하는 일이 있습니다.** 괴로울 때는 무리해서 밝은 척하지 않아도 돼요. 그럴 때 듣는 약은 '시간'과 '사람의 친절함'입니다. 시간이 지나면 고통도 잦아듭니다. 믿을 만한 사람과 이야기를 나누거나 함께 있는 것도 좋아요. 약한 자신을 내보이는 건 결코 부끄러운 일이 아니에요. 혼

농구부에서 출전 선수가 되지 못했다

인생에는 좌절이나 고통스러운 일이 일어납니다. 뜻대로 되지 않는 일, 납득할 수 없는 일도 있습니다. 주저앉고 싶거나 괴로울 때는 조금 쉬면서 몸과 마음을 진정시킵시다. 중요한 건 자기를 탓하지 않는 것입니다. 기력을 회복하면 다시 힘을 내서 행동해 봅시다.

학교에서 괴롭힘을 당했다

원하는 학교에 합격하지 못했다

자 있는 게 힘들 때는 도움을 받으면 됩니다. 그러는 동안 기운을 조금씩 회복하게 될 거예요.

좌절이나 고난, 괴로운 스트레스는 경험하고 싶지 않다고 생각할 수도 있지만 이것들은 사람을 크게 성장시키기도 합니다. 그것을 극복했을 때 여러분은 작은 일에 꺾이지 않는 정신적인 강인함, 고통스러워하는 사람과 함께하는 친절한 마음을 얻을 수 있을 것입니다.

친구와 다퉜다

좋아하는 사람에게 차였다

회복탄력성을 강화하자

고통스러운 역경을 만나도 적극적으로 행동할 수 있는 힘, 좌절을 경험해도 다시 일어서는 힘을 '회복탄력성'이라고 합니다. 이것은 몸과 마음의 건강을 지키고 성과를 내기 위해 필요한 요소입니다. 감정을 조절하기, 우울해도 너무 침울해지지 않기, 하면 된다는 마음 갖기, 힘든 경험에서 얻은 교훈으로 자신을 바꿔 가기 등 회복탄력성은 의식과 행동으로 강화시킬 수 있습니다.

변화가 급격한 현대 사회에서 실패나 스트레스를 경험하는 것은 어쩌면 당연한 일입니다. 그러니 겁을 먹고 도망가지 말고 마음이 꺾이지 않도록 잘 대처하는 것이 중요합니다.

학교에 갈 수가 없다

아기였을 때는 누구나 자신감이 충만했다?!

미래를 개척하는 자신감

우리에게는 두려움을 모르는 시기가 있었어요. 바로 아기였을 때죠. 아기는 걸을 줄을 모릅니다. 하지만 넘어지는 게 무섭다고 포기하거나 재능이 없다고 걷는 것을 그만두지 않죠. 실패를 반복하고 넘어져도 계속 도전해 결국은 걷게 됩니다. 아기는 실패를 두려워하지 않습니다. 어쩌면 아기에게는 '도전하면 반

드시 할 수 있게 된다'라는 자신감이 있는지도 몰라요. 인간의 본래 모습은 바로 이런 게 아닐까요?

지금 여러분은 어떤가요? 하고 싶은 일이 있어도 자신에게는 무리라며, 실패하고 싶지 않다며 마음에 브레이크를 걸고 있지는 않나요? 그렇다면 우선 자기 자신의 힘이나 가능성을 믿어 보는 거예요. 근거 없는 자신감이어도 좋아요. 자기 자신이야말로 인생을 밀고 나가는 원동력이 됩니다.

다음은 '할 수 있는 것'을 하는 거예요. 하고 싶은 일이 있다면 그에 관한 것들을 책이나 인터넷으로 조사해서 해야 할 일을 모아 봅시다. 만약 약간의 용기가 있다면 존경하는 사람에게 편지나 메일을 과감히 보내 봐도 좋을 거예요. 답장이 오면 굉장히 기쁘겠지만 답장이 없다고 해도 용기를 끌어모아 행동했다는 사실은 여러분의 마음을 강하게 해 줄 겁니다.

지금의 여러분에게는 어쩌면 '강인함'이 없을지도 몰라요. 그렇다고 해서 미래를 절망스럽게 여겨서는 안 돼요. 여러분은 앞으로 성장할 거예요. **지금 여러분이 자신의 가치를 낮게 잡는다면 미래의 여러분은 빛날 수 없습니다.** 지금의 여러분이 자신의 가치를 소중하게 여기고 무언가를 시작한다면 여러분은 미래에 엄청난 일을 이룰 수 있게 될 거예요.

서투른 게 많아도 사는 데 큰 지장 없어!

학교에서는 여러 과목을 공부합니다. 여러 과목을 배우는 이유는 폭넓은 지식을 습득하기 위해서고, 자신이 흥미를 느낀 학문이나 잘하는 분야를 알기 위해서예요. 그러나 학생들 입장에서 보면 '여러 과목에서 좋은 성적을 얻어야 하는데…' '다 잘해야 하는데…'라는 생각을 하게 돼요. 성적으로 평가받고 다른 아이들과도 비교가 되니 못하는 부분에 자꾸 눈이 가고 낙심하게 되죠. 이것은 매우 슬픈 일입니다.

확실히 말해 둘게요. **못하는 과목이 있어도, 서투른 것이 많아도 사는 데 큰 문제가 되진 않습니다.** 왜냐하면 모든 것을 다 잘할 필요가 없기 때문입니다. 학교 선생님을 살펴볼까요? 수학 선생님은 미술 지식이 없어도 할 수 있어요. 영어로 말하지 못해도 사회를 가르칠 수 있죠. 자기 위치에서 해야 할 것을 하고, 못하는 것은 다른 사람이 채워 주면 문제될 게 없어요. 어른의 세계는 서로의 충분하지 못한 부분을 도와주면서 채우고 만들어집니다. 어떤 일이든 다 잘할 수 있는 사람은 없고, 그런 사람이 될 필요도 없습니다.

어른들도 이러한데, 자신이 못하는 것만 보면서 '나는 재능이 없어'라고 생각하지 마세요. 그것보다는 자기가 잘하는 것, 좋아하는 것, 흥미 있는 것에 힘을 쏟읍시다. 그것을 발전시켜 가는 방향이

평가에 연연하지 않는다

나 수학에 재능이 있잖아? 더 어려운 수학 문제에도 도전해 보고 싶어!

수학 97

영어 69

평가를 신경 쓴다

나 수학 못하네…. 이대로 가면 다들 나를 수포자라고 생각할 거야…. 반에서 등수도 떨어져서 나를 바보라고 생각할지도 몰라….

수학 69

영어 97

할 수 없는 것을 서로 돕는다

괜찮아?
도와줄까?

나 이거 이해가 잘 안 되는데
괜찮으면 좀 가르쳐 줄래?

더 즐겁고 자신감이 붙습니다. 물론 학교 공부는 중요하지만 여러분이 자신감을 잃지 않는 게 더 중요해요. '나는 이걸 할 수 있어' '이런 장점이 있어' '이런 것에도 관심이 있어' 같은 것들을 발견하고 여러 가지에 도전해 여러분의 가능성을 점점 열어 주세요. 서투른 것은 다른 사람의 도움을 받으면 됩니다. 여러분은 자신이 할 수 있는 것, 하고 싶은 일을 통해 언젠가 다른 누군가를 도와주게 될 겁니다.

모든 것을 혼자서 하려고 한다

앗, 고마워!
하지만
내 일이니까…!

봐도 못 본 척….

219

인생에 '정답'은 없다

일하는 것과 사는 것에 관해 여러분에게 전하고 싶었던 것들을 이 책에서 가능한 한 많이, 그리고 알기 쉽게 이야기하려고 했습니다.

세상의 구조와 세상에 어떤 일들이 있는지 안다는 것, 자기가 하고 싶은 것과 어떻게 살아야 행복한지를 생각하는 것, 자신감을 갖고 작은 일도 괜찮으니 행동하는 것. 이와 같은 것들이 중요하다는 사실을 이해했을 거라 믿어요.

하지만 이 책은 여러분이 어떤 일을 선택하고 삶을 어떤 방식으로 살아야 하는지 그 '정답'을 말하지는 않습니다. 왜냐하면 인생에는 정답이 없기 때문입니다.

정답이 없으니 아무것도 하지 말라는 의미가 아니에요. 오히려 그 반대예요. 새로운 것을 배워 보거나, 관심 있는 책을 읽어 보거나, 컴퓨터를 만져 보거나, 이벤트에 참가해보거나, 인터넷으로 세상에 자기 생각을 드러내 보는 등 좋아하고 잘하며 흥미 있는 것에 자꾸 손을 내밀어 보고 행

동해 봅시다. 그렇게 경험을 쌓는다면, 어른이 돼 돌이켜 봤을 때 '아, 그때 재미있게 하던 걸 지금까지 하고 있네?'라고 느끼는 것이 분명 있을 거예요. 지금은 그것이 무엇인지 정확히 모릅니다. 다만 열심히 하거나 재미있게 했던 것들이 여러분을 만들어 가고 있다는 사실을 알았으면 해요.

미래가 어떻게 될지는 아무도 알 수 없습니다. 불안할 거예요. 어른이 돼도 그런 걸요. 그러니 어차피 알 수 없다면 무서워하기보다는 재미있어하는 편이 좋아요. 다른 사람의 눈이나 실패를 두려워하지 말고 여러 가지 일에 적극적으로 도전해 봅시다. **여러분에게는 무한한 가능성이 있습니다. 여러분은 무엇이든 될 수 있어요.** 즐거운 인생을 살고 싶다면 행동합시다. 미래를 개척하는 것은 다른 누군가가 아닌 자기 자신에게 달려 있습니다.

"앞으로도 선생님께서 약을 처방해 주셨으면 좋겠어요." 그 한마디는 환자와의 대화를 중요하게 여겨 온 제게 힘이 됐습니다.

— 약사(25세)

"이 가게 쿠키를 가져갔더니 다들 너무 좋아하더라고요"라는 말을 들었을 때입니다. 제 디저트를 먹는 사람 모두가 행복할 수 있도록 언제까지나 초심을 잃지 않으려고 합니다.

— 파티시에(23세)

언제나 교실 창문으로 도망쳤던 학생이 버스에서 제게 손을 흔들어 줬습니다. '아, 마음을 열어줬구나….' 학생의 마음을 이해하는 것을 목표로 삼아 왔는데, 제 마음이 통했다고 느끼는 순간이었습니다.

— 특수학교 교사(26세)

담당하는 만화가 선생님이 "이 일이 당신 천직이네요"라고 했을 때입니다. 상대방의 장점을 끌어내는 것만은 자신 있습니다. 앞으로도 사람들의 마음을 움직이는 작품을 세상에 내놓는 일을 하고 싶습니다.

— 만화 편집자(32세)

"농작물이 자라는 과정을 알고, 직접 수확한 농작물로 요리해 보니 음식에 흥미가 생겨서 먹는 게 너무 즐거워졌어요." 손님이 환히 웃으며 이야기해 준 이 말이 너무 기뻤습니다.

— 농장 직원(25세)

결혼식 이후에 아이의 탄생을 알려 주시는 분도 있습니다. 그런 일이 있으면 제 노력이 틀리지 않았음을 느낄 수 있습니다.

— 웨딩 플래너(26세)

'유치원 원장 선생님이 되고 싶다.' 아들이 적어 놓은 말입니다. 아들의 눈에는 제가 즐거워 보이고 반짝반짝 빛나 보이는 거겠지요. 제가 열심히 하는 이 일을 인정받은 기분이 들었습니다.

— 유치원 교사(30세)

"서점이 없어지는 게 섭섭해요." 이전에 일하던 서점이 문을 닫을 때 자주 책을 추천해 주며 이야기를 나눈 여자아이가 말해 줬어요. 제가 알리고 싶었던 두근두근 신나는 책과의 만남이 전해져서 기뻤습니다.

— 서점 직원(44세)

에필로그

너에게 전하고
싶은 것

← 오른쪽에서 왼쪽으로 읽어 주세요.

3월

다 먹어 주겠다~!

꽃구경하기 딱 좋은 날이야.

오늘은 날씨가 화창하네.

아, 내 택배가 온 것 같아.

어? 벌써 도착했나?

찰칵

딩―동

15분 뒤? 지금 역에 도착했다네.

아빠도 슬슬 도착하시려나?

225

짜잔~!

책이 도착 했습니다~!

맛있겠다!

가족이 다 모여서 꽃구경이라니 이게 몇 년 만이야~

어라? 외할머니랑 엄마도 이 책 알고 있어요? 읽었어요?

드디어 완성 이구나!

어머, 멋지게 완성됐네!

오오!

응?

네

그렇지?

읽지는 않았지만 이야기로 들었어.

???

이 표지 잘~ 봐봐!

어?

하야토,

으응!?
아빠!?

저자
요시다 고타
...

저자
요시다 고타

형부가
헤드헌팅
회사에서
일하고
있잖아?

전에
전직 자리를
소개해 줬던
편집자님이 형부가
맘에 들어서 집필을
부탁했거든.

어떻게
아빠가
책을 쓰게
된 거지?

집필에
집중하고
싶다며
주말에도
열심히 이 책을
쓰고 있었던
거야.

아빠가
작년에
바빠서
집에 잘 못
왔잖아?

알고
있었지!

다들 알고
있었어요?

뭐야,

후후후

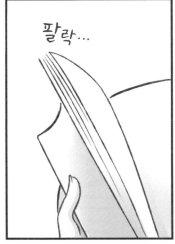

이 책에
담은
마음이
쓰여
있었다.

거기에는
아빠가
많은 사람의 전직을
도와줬다는 것과
집필하게 된 이유,

'왜 우리는 일하는가?'
이 물음을 100명에게 던지면 100개의 답이 나올 겁니다.
같은 사람이라고 해도 일의 환경, 나이, 가족의 상황 등이 바뀌면 답도 바뀔 것입니다.

정답은 없습니다. 정답은 없지만, 누구나 자기 나름의 답을 갖고 있습니다.

'왜 우리는 일하는가?' 이 주제로 가족들과 이야기해 보는 건 어떨까요?
진지한 문제를 정색하고 이야기하는 게 조금 부끄러울 수도 있겠지만
중요한 것을 알려 줄 수 있게 된 어른과 중요한 것을 접하게 된 아이 모두에게
분명 잊을 수 없는 날이 될 겁니다.

이 책이 가족들의 대화 주제가 돼 많은 아이의 성장에 작은 도움이 되기를 바랍니다.

마지막으로 이 자리를 빌려서
제 아들에게 메시지를 전하고 싶습니다.

하야토에게.
네 미래에 조금이라도 도움이 됐으면 하는 마음으로
이 책의 집필을 시작했어.
너는 힘든 시기를 보냈지. 처음 경험하는, 스스로 어떻게
할 수 없는 상황에 마음이 지쳤을 거야. 많이 힘들었지?
하지만 너는 지금 다시 일어나 앞을 보며 살고 있어.
지금의 너는 전보다 더 성장해서 다른 사람의 아픔을
이해하는 성숙한 사람이 됐을 거야.

앞으로도 너는 여러 가지 고난과 좌절을 경험할 거야.
하지만 그때마다 다시 일어나서 앞을 보며 살았으면 해.
괜찮아. 모든 것이 척척 이루어지는 인생은 없고
한 번의 실패로 무너지는 인생도 없으니까.

우리 가족은
네 웃음에
위로받고,
네 성장에
기뻐하고,
네 존재에 힘을
얻어 왔어.

네가 태어나
준 것 자체가
우리에게는
기적이고,

살아 있는 것만으로
너는 가치 있는
존재란다.

너는 혼자가 아니야.
그것을 잊어서는 안 돼.

네가 도움을 필요로 할 때는
온 힘을 다해 도울 거고
응원해 주기를 바랄 때는
있는 힘껏 소리를 내서 응원할 거야.

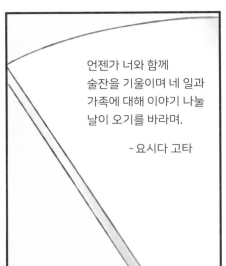

언젠가 너와 함께
술잔을 기울이며 네 일과
가족에 대해 이야기 나눌
날이 오기를 바라며.

- 요시다 고타

딩—동

형부,
좋은 이야기를
해 주셨네~?

그야,
내가
선택한
사람이니까.

앗

터
억

호랑이도
제 말 하면
온다더니.

이 벚나무도
몇십 년 전에
심을 계획을 세운
사람들이 있었기에
우리는 꽃구경을
즐길 수 있다.

아빠가 쓴 책은
앞으로도
몇 번이고 다시
읽을 것이다.
소중한
책이니까.

이런 식으로
시야를
넓힐 수
있었던 것은
모두 이 책
덕분이다.

나는
앞으로
어떤 일을
하게 될까?

그건 여전히
알 수 없지만
나의 미래를
제대로 의식하며
살겠다고
다짐해 본다.

세상의 여러
직업을 알고,
내가 어떨 때
기쁘고
어떤 일을
잘하는지를
알아 가자.

모든 만남을
소중하게
여기며,
어떤 일에도
적극적으로
임하자.

친구들은
소중하지만
휩쓸리지 말고
내 삶의 방식을
고민하자.

불안은 사라지지 않을 거고,
실패하는 일도 물론 있을 거다.

괜찮다. 넘어지면 다시 일어나면 된다.

내 인생은 앞으로
더욱더 즐거워질 테니까.

맺음말

아이에게 어른은 다른 존재로 보이기 마련입니다. 밖에서 일하고, 집안일도 하고, (아이의 눈으로 보면) 돈도 많죠. '이 사람들은 모르는 것도 없고 고민도 별로 없겠지. 어른은 나와는 다른 생물이야'라고 생각하기 쉽습니다.

그러나 실제로 어른이 돼 보면 어른은 그리 대단하지 않습니다. 훌륭해 보이지만 뿌리 깊은 곳에 있는 마음이나 감각은 아이였을 때와 그리 다르지 않거든요.

이 책은 '일한다'는 것을 통해 여러분을 기다리고 있는 인생의 여러 가지 일들을 예습하게 합니다. 읽다 보면 '어른들도 모르는 것투성이고 여러 가지를 고민하며 사는구나'라는 것을 알게 될 겁니다.

그렇습니다. 우리는 모르는 것을 배우고, 고민하면서 결단하고, 조금씩 성장해 갑니다. 그것은 아이도 어른도 마찬가지이며, 어른이 아이보다 조금 더 경험한 것뿐입니다. 그것을 깨달으면 어른을 조금 더 가깝게 느낄 수 있을 거예요. 원래는 아이였던 어른들에게 "어렸을 때 장래 희망이 뭐였어요?" "왜 지금의 일을 선택한 거예요?" 같은 질문도 하기 쉬워지지 않을까요?

이 책은 청소년을 대상으로 만들어졌지만 대학생이나 사회인도 읽어 봤으면 합니다. 일한다는 것은 많은 사람에게 중요한 테마이며, 계속되는 관심사입니다. 그래서 여러 세대의 사람들이 배움이나 깨달음을 얻을 수 있는 내용을 담았습니다. 매우 많은 정보와 생각을 담고 있기 때문에 어쩌면 청소년들은 이 책의 내용을 다 이해하기 힘들지도 모르겠어요. 하지만 그래도 괜찮다고 생각합니다. 알게 된 것과 느낀 것을 마음에 소중히 새겨 주세요. 시간이 흘러 자신의 미래에 대해 진지하게 생각하고 싶어졌을 때 다시 읽어 본다면 처음 읽었을 때보다 내용을 더 깊이 이해할 수 있을 겁니다. 그때에는 이 책이 여러분의 생각을 정리하고 등을 떠밀어 주는 존재가 될 거예요.

사회에 나와 자신의 일과 사는 방식에 고민이나 의문이 생겼을 때도 이 책을 다시 읽었으면 합니다. 너무 바빠서 잊고 지냈던 중요한 것들을 떠올리게 해 줄 거예요. 새로운 길을 가는 데 필요한 추진력을 줄지도 모릅니다.

일도 생활도 안정됐을 즈음에 이 책을 다시 읽는다면 지금까지의 자기 인생을 돌아보는 계기가 될 거예요. 어쩌면 '새로운 도전을 하고 싶다'라는 힘을 얻게 될지도 모릅니다.

'고민이 있을 때, 힘을 얻고 싶을 때, 한가할 때, 이 책을 책장에서 꺼내 읽어 본다.' 그런 식으로 여러분 옆에 이 책이 있게 된다면 이 책을 만드는 데 함께한 사람으로서 더없는 기쁨이 될 거예요.

앞으로 사회에 나올 청소년들, 열심히 일하고 있는 어른들이 모두 자기답게 일하고 행복하게 살 수 있기를 바라며.

학연플러스 편집부

Naze Bokura wa Hatarakunoka
ⓒ Gakken
First published in Japan 2020 by Gakken Plus., Ltd., Tokyo
Korean translation rights arranged with Gakken Plus., Ltd. through Imprima Korea Agency

14살부터 시작하는
나의 첫 진로 수업

초판 1쇄 펴냄 2021년 4월 23일
14쇄 펴냄 2025년 1월 3일

지은이 학연플러스 편집부
옮긴이 김신혜

펴낸이 고영은 박미숙 | 펴낸곳 뜨인돌출판(주)
출판등록 1994.10.11.(제406-251002011000185호)
주소 10881 경기도 파주시 회동길 337-9
홈페이지 www.ddstone.com | 블로그 blog.naver.com/ddstone1994
페이스북 www.facebook.com/ddstone1994 | 인스타그램 @ddstone_books
대표전화 02-337-5252 | 팩스 031-947-5868

ISBN 978-89-5807-804-3 43370